新时代
中国课堂教学
改革与创新

CLASSROOM TEACHING REVOLUTION AND
INNOVATION FOR A NEW ERA

余文森 _____ 著

教育科学出版社
·北京·

前　言

2022年3月教育部印发了国家义务教育阶段新的课程方案和16门课程标准，2022年秋季全国义务教育全面进入了新课标的时代，具体来说，就是"新课标"与"旧教材"并存的时代，如何认识和处理两者关系就成了当下教学改革的一个棘手问题。对习惯于教教材哪怕是用教材教的教师而言，都可能出现"穿新鞋走老路"的现象。正如教育部教材局负责人所说的："无论教育行政部门管理者，还是学校校长、教师，都有一些人认为，修订的教材没有出来，新课程就无法落实。这种观点有失偏颇。落实新课程首要是理解新理念，转变教育观念和育人方式，教材只是落实新要求的主要载体之一。我们要注重用新理念去组织加工教材内容，使之更加适合核心素养培育的要求，而不是回到老路上去'照本宣科'。如果理念不更新，有了新教材同样也可能'走老路'。"[①]这段话很明确地告诉我们，实施新课标、落实新课标不必纠结于教材，而是要在确立和贯彻新理念以及转变教育观念和育人方式上下功夫，否则，即使有了新教材，新课标也难以真正落地。

2023年5月教育部印发了《基础教育课程教学改革深化行动方案》，要求从2023年开始，有组织地持续推进基础教育课程教学深化改革。实际上，我国基础教育课程教学改革从2001年第八次课程改革启动后就一直在持续进行，几乎从未间断，它在一定程度上改变了我国基础教育课程教学的传统样态，在学习方式和育人模

---

① 康丽.努力推动新课程有效落地实施：访教育部教材局负责人[N].中国教师报，2023-01-18（2）.

式变革上形成了不少典型。但是，就整体而言，我们的改革还处在"初级阶段"或"浅水区"，还没有从根本上解决我国基础教育存在的突出问题。为此，当下的改革就聚焦在"深化"上。所谓"深化"，一方面是要在原有改革的基础上向纵深持续推进；另一方面是要在新课标的新起点上，重新确立基础教育课程教学改革的新方向、新主题，尤其是要在"育人关键环节和重点领域"上实现突破和创新，从而促进基础教育课程教学改革形成新气象，构建基于核心素养的、体现新时代要求的基础教育课程教学新体系。那么，这种新体系究竟要新在哪里呢？

一要新在教学目标上，教学目标要从知识本位走向核心素养本位，确立基于核心素养的新型教学目标。"学校里的学习活动是典型的目标导向行为。"教学目标是教学的方向、目的、纲领、统帅，新旧教学的根本分水岭也就在目标上：知识型的教学以知识为目标，素养型的教学以核心素养为目标。明确所教学科（课程）的核心素养的内涵并以此编写教学目标是新课标新教学的首要任务。不少一线教师问我如何在教学实践中落实新课标，我的回答就是一句话：从确立和编写基于核心素养的新目标开始。教学目标不新，其他教学要素的新就失去了方向和依据。不能确立和编写基于核心素养的教学目标并据此开展教学，那么深化改革也就无从谈起，甚至教学还会偏离正确的方向。

二要新在教与学的关系上，教学关系要从以教为主走向以学为主，建立学习中心的新型课堂。核心素养引领整个教育的中心转向人（学生），在教与学的关系上也必然强调从以教为主走向以学为主，教学关系的重建是核心素养导向的新型教学的应有之义。正如教育部教材局原局长田慧生所指出的："深化课堂教学改革是十多年来新课改一直强调的，但现在改革进入全面深化阶段以后，课堂教学改革的重点和核心在哪里？答案是教与学关系的根本性调整。从总体上来说，目前课堂教学还没有普遍地实现根本性的转变，我们所期待的那种新型的课堂还没有普遍地建立起来，根本问题就在于——还没有有效地调整好教与学的关系，课堂还没有从根本上实现由以教为主向以学为主的转变。"①只有实现由以教为主向以学为主的转变，真正地建立起学习中心的新型课堂，核心素养才会在课堂落地。

三要新在学习方式和路径上，教学方式要从"坐而论道"走向学科实践，构建实践型的育人方式。学科实践是撬动育人方式变革的支点，是激活知识、培养学生创新精神和实践能力的主要路径。以往的育人方式一直在知识的"授受"层面上做文章，这样的教学很容易使学生的学习局限于知识的记忆、理解和掌握。学科实践把育人方式定位在实践层面，通过"做"倒逼学生发现、使用和创新知识，从而使教学过程成为一种充满活力的高水平高质量的学习过程。

四要新在知识内容的组织上，教学内容组织要从知识点教学走向大概念教学，立足于知识统整，推进大单元、大主题教学。学科知识内容的选择、组织和呈现是否合理是决定知识能否转化为素养的关键之一。强调知识的结构化、整合化，防止知识的孤立化、片面化，是知识转化为核心素养的基本要求。以"大概念"为支点统整课程知识是本次课标修订的亮点所在。准确地提炼大概念，设计基于大概念的单元教学方案，在结构中、在联系中进行单元整体教学，是当前深化教学改革的突出体现。强调知识统整，就一门学科

---

① 田慧生.落实立德树人根本任务 全面深化课程教学改革[J].课程·教材·教法，2015(1)：7.

而言，即倡导基于大概念的单元整体教学；就学科的关系而言，即倡导跨学科主题学习。打破学科壁垒，打通学科的界限，培育学生跨越固有学科藩篱的整体视野和思维能力，是核心素养培育的关键问题。核心素养本质上是跨学科的，核心素养的突出表现就是应对复杂的真实情境和问题的能力和品质。这种能力和品质不是一门门孤立的学科可以单独培养出来的，而是需要在多学科的贯通和协作之中滋养出来。为此，必须把跨界的理念引入学科，解放学科；也必须重建学科之间的关系，让不同学科、不同知识相互渗透、相互融合，激发学生的思想火花和奇妙创意，培养学生的跨界思维意识和整体思维能力。

从知识本位走向素养本位，以素养培育为教学目标；从以教为主走向以学为主，构建新型的学习中心课堂；以学科实践为抓手，构建实践型的学科育人方式；以大概念为支点，推进大单元整体教学和实施跨学科主题学习。这四个方面是当前深化教学改革的关键环节和重点领域，是撬动育人方式和人才培养模式变革的核心支点，是构建新时代课程教学新体系的基本抓手。这四个方面实际上也是义务教育课程方案所提出的深化教学改革的四点要求，即坚持素养导向、强化学科实践、推进综合学习、落实因材施教（学习中心与差异教学）。

本书对这四个方面做了从理论到实践的比较系统的论述。

目 录

第 一 章 核心素养引领基础教育课程教学改革走进新时代

核心素养是关乎"培养什么样的人"的大问题，是当前国际课程改革的主旋律、最强音，核心素养引领我们的课程教学改革走进新时代！

第一节　"双基"本位的课程教学改革 / 002

第二节　三维目标本位的课程教学改革 / 006

第三节　核心素养导向的课程教学改革 / 012

第 二 章 从学科立场走向教育立场，课程标准的重大变革

本次课程标准修订强化和凸显人的因素，将课程目标指向核心素养，推动着基础教育课程由学科立场向教育立场（学生发展）转型。

第一节　新课程标准的属性：内涵澄清与文本框架 / 020

第二节　新课程标准的立意：从学科立场走向教育立场 / 023

第三节　新课程标准的结构：内容标准、活动标准、质量标准的三位一体 / 028

第 三 章 确立核心素养教学目标，寻找教学的"灵魂"

教学目标是教学的方向、目的、纲领和统帅，确立基于核心素养的新教学目标是实施新型教学的第一前提和基础。

第一节　教学目标的内涵和功能 / 042

第二节　核心素养教学目标的编写依据与思路 / 052

第三节　核心素养教学目标的表述与叙写要求 / 066

第四节　基于核心素养教学目标的教学要求 / 076

第 四 章 | 从以教为主走向以学为主，建立学习中心课堂

整个教学活动的实施究竟是以教的一方还是以学的一方为基点来展开？育人方式建立的支点究竟是教还是学？强调学、立足于学、基于学是新课标鲜明的立场和态度。

第一节　教与学的关系 / 086

第二节　从以教为主走向以学为主 / 091

第三节　学习中心课堂的内涵和意义 / 101

第四节　"读思达"教学法与学习中心课堂的建立 / 110

第 五 章 | 从"坐而论道"走向学科实践，建立实践型的育人方式

学科实践的意蕴是改变知识内容的组织和呈现方式，改变学生学习的方式和路径，其核心要义是强调教学是学生的活动过程。

第一节　学科实践的内涵和意蕴 / 126

第二节　学科实践的载体和抓手 / 131

第三节　学科实践的形态与表现 / 153

第六章 从知识点教学走向大概念教学，推进大单元大主题教学

知识的统整化、结构化、整合化是提升知识活性、品质进而让知识转化、内化为核心素养的关键环节。新课标通过提炼大概念和推进大单元教学来实现这一目标。

第一节　从知识割裂走向知识统整 / 162

第二节　大概念的内涵和意义 / 167

第三节　单元大概念的提炼与教学 / 178

第四节　大单元教学的内涵和设计路线图 / 188

第七章 从学科孤立走向学科融合，有效推进跨学科主题学习

跨学科主题学习是新课标的亮点。10% 是个信号，要把 10% 的跨学科主题学习的精神和理念有机地融入学科课程内容的教学中。

第一节　跨学科主题学习的内涵与特征 / 200

第二节　跨学科主题学习的类别 / 209

后　记

第一章

核心素养引领基础教育课程教学改革走进新时代

改革开放 40 多年来，我国基础教育课程教学改革的目标方向和价值追求，经历了从"双基"到三维目标再到核心素养三个阶段的变迁。"双基"、三维目标、核心素养是与这三个阶段相对应的主题词、关键词，它们不是简单的概念和标识，而是相对完整的教育思想体系和实践模式，是教育工作者共同的思维方式和话语体系，每个词就像一根红绳贯穿于该阶段的课程教学改革的方方面面，并突出体现和反映在该阶段的课程标准（教学大纲）研制、教科书编写以及教学活动、考试评价之中。从"双基"到三维目标再到核心素养，形成了我国基础教育课程教学改革走向现代化的特有的轨迹和路径，并产生了我国特有的课程思想和理论。

第一节 "双基"本位的课程教学改革

改革开放初期,"文化大革命"刚刚结束,教育领域和其他行业一样进入"拨乱反正"阶段,基础教育"拨乱反正"的主要任务就是恢复教学秩序、重视学科知识、提高教学质量。1978年,教育部参照"文化大革命"前17年的相关文件,重新修订和颁布《全日制中学暂行工作条例(试行草案)》《全日制小学暂行工作条例(试行草案)》,并据此对中小学各科教学大纲进行修订,从而开启了改革开放后第一次基础教育课程改革的征程。作为教学改革的纲领性文件,教学大纲在教学内容上是围绕各学科的"双基"组织的,突出反映的是知识本位,它对教学内容(知识点)的具体要求与深度、难度都做了明确清晰的规定。据史宁中教授回忆,直至1999年制定我国最后一个教学大纲时,编制者所关心的主要问题还依然是"应当教哪些内容""应当教到什么程度"。教学大纲在教学活动上凸显"刚性"和"技术"取向,即对教师怎么教给出了规范要求和"直接指导"。作为教学大纲的直接体现的教材(教科书),是学科基础知识和基本技能的载体,是对教学大纲所规定的学科知识的"逻辑汇编"和权威解释。教学活动只是教材的展开过程,教师充当教材的代言人,学生的学习就是对教材的理解、记忆和"掌握"。

1996—1998年,国家教委基础教育司针对我国"九年义务教育课程方案实施状况"进行了大规模的抽样调查。调查结果表明:绝大多数校长和教师认为基础知识和基本技能不仅是教材和学生身上体现得最好的目标,也是教师之间谈论最多的教育专业话题。2002年高中阶段的调查也获得大致相同的结论：我国学生的强项和优势在于知识、技能、解题能力、勤奋与刻苦。实际上，这也是国际公认的教育现象。

从知识观的角度说，"双基论"秉承的是客观主义（本质主义）的知识观。其主要观点是：第一，强调知识本身的客观性、普遍性、确定性。"作为对事物本质的认识成果，知识是不以人的意志、信念、价值取向为转移的，它不能有任何个人主观认识倾向与价值性'偏见'。"[1]它坚决反对知识问题上的"主观主义""相对主义"和"非理性主义"，竭力驱除各种主体性因素在知识形成过程中的影响，以确保知识的纯粹性、真理性、绝对性。"个人的意见或爱好和思辨的想象在科学中没有地位。科学是客观的。科学知识是可靠的知识，因为它是在客观上被证明了的知识。"[2]知识既然是对事物本质的准确揭示，认识知识就等于掌握了事物的本质，拥有了对事物的支配权，人就有了认识世界和改造世界的力量。所以，它坚信知识就是力量。"人类的认识活动就在于发现存在于现象背后的普遍本质与必然规律，获取关于事物的确定性知识，建立起对世界解释与问题解决的公共标准。"[3]第二，强调知识学习过程的接受性。既然知识是外在于人的，是静止、孤立、确定无疑地存在于认识者之外的"客观真理"，那么学生学习的主要任务就是求知，教学过程就是准确地理解和牢固地掌握知识的过程，这是教学论上"教学过程是一种认识过程"观点的核心内容。当然，作为认识过程的教学有其特殊性，正如王策三先生所指出的，"教学作为一个过程，乃是一种特殊的认识过程"，"教学作为认识的特殊性，主要在于它是学生个体的认识，是间接的认识，有领导的认识和教育性的认识"。[4]可以

---

[1] 郝德永.课程的本质主义症结与"合法性"危机[J].教育研究，2007（9）：30.
[2] 查尔默斯.科学究竟是什么？：对科学的性质和地位及其方法的评价[M].查汝强，江枫，邱仁宗，译.北京：商务印书馆，1982：10.
[3] 同[1] 29-30.
[4] 王策三.教学论稿[M].北京：人民教育出版社，1985：141.

说，特殊认识论就是"双基"教学的理论依据。

从课程观的角度说，"双基论"秉承的是学科本位（中心）的课程观。什么样的知识能够进入课程，成为学校教育和学生学习的实际对象？我们知道知识进入课程有三道门槛，即社会、学科、儿童。不同的课程观和课程类型各自遵循不同的知识准入机制，学科中心课程将学科本身的逻辑和结构设定为知识进入课程的第一道门槛。其理论逻辑在于：有组织的学科知识反映了人类的集体智慧，代表了人类的文化遗产，是最有价值的知识。学校教育的核心任务包括相辅相成的两个方面：一方面将学科知识完整地准确地传递给年青一代，使学生通过学科知识的系统学习得以快速成长；另一方面通过学科知识的传承使学科知识本身得以不断的丰富、完善和发展。总之，学科知识是课程的核心，学生自身特点、社会需要必须服从于学科知识的价值性和权威性，这是一种以学科为主导的课程价值观。"双基论"秉承的就是学科本位（主导）的课程观，它将一门学科的基础知识和基本技能及其结构视为学科的主体内容，作为相应学科的课程内容体系。学科知识的基础性、结构性、完整性是学科本位课程观优先乃至主要考虑的事项。与此对应，教材以学科逻辑展示学科基础知识与基本技能，"教材中的学习内容必须是定论、共识或某一领域公认的原理、法则、定理，排除有争议的问题，不给学生发挥的空间和研讨的余地。因此，教材就是要罗列学生应掌握的本学科领域的理论和应用法则，对教师的教学、学生的认识具有绝对的权威性"[①]。

从教学观的角度说，"双基论"秉承的是特殊认识论，强调教学的传承性和接受性，学习方式以理解、记忆、训练为主，教学效果追求准确性、绝对性（最高价值标准）。其隐性的教学假设和信念有：第一，知识是能

---

① 靳玉乐.中国基础教育新课程的创新与教育观念转变[J].西南师范大学学报（人文社会科学版），2002（1）：51.

力的绝对基础，知识的理解、记忆、练习是教学的中心任务，能力及其培养是从属性的，服从、服务于知识的掌握，知识学习被提到无以复加的高度；第二，知识就是"绝对的"真理和标准，是不容置疑的结论，质疑、怀疑、批判乃至探究、实践被排除于学习之外，导致学生的创新精神和实践能力严重弱化。客观主义知识观和学科本位的课程观导致了听命于教师的"灌输式教学"。

以"双基"为中心的教学，从教学大纲到教材再到课堂，形成了一整套体系：重视基础知识的传授（讲授）、基本技能的训练（练习），讲究精讲多练，主张"练中学"，相信"熟能生巧"，追求基础知识的记忆和掌握、基本技能的操演和熟练，以使学生获得扎实的基础知识、熟练的基本技能和较高的解题能力为主要的教学目标。这样一套教学体系在历史上有其合理性和进步性，对于稳定教学秩序、提高教学质量也发挥了重要的作用。较之其他国家的学生，我国学生确实在基础知识和基本技能的掌握上具有明显的优势，正如邵光华先生等所指出的："对基础知识讲解得细致，对基本技能训练得入微，使学生一开始就能够对所学习的知识和技能获得一个从'是什么、为什么、有何用到如何用'的较为系统的、全面的和深刻的认识。"[1] 这在改革开放初期特定的历史背景下，具有特别重要的意义：第一，在全社会尽快形成一种尊重知识的风气，极大满足了人们对知识普遍而强烈的饥渴感，营造了"知识就是力量"的社会文化；第二，使学校教育尽快地从"政治中心"和"劳动中心"转向学科中心和学习中心，使学校课程教学初步回到了自己的轨道。

但是，"双基"本位的教学在其发展过程中逐步背离了"人的全面发展"的主题和方向：其一，"双基"教学本身存在片面性。"双基"只是学科的载体，不是学科的核心；只是学科的表层，不是学科的深层。"双基"

---

[1] 邵光华，顾泠沅.中国双基教学的理论研究［J］.教育理论与实践，2006（2）：49.

教学不能体现学科的完整性、本质性。以"双基"为主要目标甚至唯一目标的教学本身就是对学科和学科教育的割裂、浅化。其二,"双基"教学强化了"三中心"的教育传统。"双基论"实际上是传统"三中心"教育思想的集中体现(中国式的表现):学生学习以书本知识为中心,教学过程以课堂为中心,课堂教学以教师为中心,并因此形成了中国特有的教材文化和"双基"情结,书本没有的不教,教的内容以教师讲的为准。"双基"教学严重地窄化了教育应有的内涵,使我们的教育在传统的轨迹上越陷越深,形成了典型的"狭义教学"模式,"双基"教学严重地窄化了教学。其三,"双基"教学与应试教育无缝对接,成为应试教育的合法的"帮凶"。"双基"易教易考,二者一拍即合,并越演越烈,最终导致教学走入"繁难偏旧"和"死记硬背"的怪圈,从根本上背离了教育促进人的发展的宗旨并使教育丧失了本该有的生命力。

"双基"教学作为一种具体的教学策略、模式和要求,有其可取之处,但作为一种价值导向,特别是作为引领整个课程教学改革的指导思想,已经不合时宜,由其演绎出来的整个课程教学体系严重滞后于时代的发展。

第二节 三维目标本位的课程教学改革

"新课程改革"正是在这样的背景下登场的,这场改革的主题词和关键词就是"三维目标"。其标志性文件是2001年6月教育部印发的《基础教育课程改革纲要(试行)》,该文件明确提出"三维目标"的课程理念。之后,教育部分别于2001年和2003年印发了义务教育各学科课程标准(实验稿)和普通高中各学科课程标准(实验),并依据课程标准陆续审查通过了多套可供地方选用的实验教科书。新课程的各学科课程标准在结构上都是由前言、课程目标、内容标准、实施建议、附录等部分组成，课程目标都包括了知识与技能、过程与方法、情感态度与价值观三个方面，从而与过去的教学大纲有了显著的区别（见表1-1）。

表1-1 课程标准与教学大纲的框架结构比较

课程标准		教学大纲
前言	课程性质	
	课程的基本理念	
	课程标准的设计思路	
课程目标	知识与技能	教学目的
	过程与方法	
	情感态度与价值观	
内容标准	学习领域、目标及行为目标	教学内容及要求
实施建议	教学建议	教学建议 ·课时安排 ·教学中应注意的问题 ·考核与评价
	评价建议	
	教科书编写建议	
	课程资源的开发与利用	
附录	术语解释	
	案例	

可以说，课程标准的最大亮点就是在课程基本理念、课程目标、内容标准和实施建议等方面全面体现"知识与技能、过程与方法、情感态度与价值观"三位一体的课程功能。把过程与方法作为课程目标之一（维）是课程标准的显著特征，它体现了对学生学习能力培养的显性要求和独立要求；把情感态度与价值观作为课程目标之一（维）则体现了对学生态度养成和人格发展的关注和要求。它们都在课程标准特别是内容标准中有所体现。实际上，课程标准在内容的选择和组织上也特别注重突破传统的"双基"导向和学科中心，积极关注学生的生活经验和现代社会、科技的发展，

从而改变课程内容繁、难、偏、旧的状况。以课程标准为准绳的新教科书也给人面目一新的感觉。

<u>从知识观的角度说，三维目标秉承的是建构主义的知识观。</u>它具有两个特点。其一，强调知识的主观性、情境性和相对性。任何知识都是建构的产物，不是永恒不变的真理。它突出表现在："对同一事实，由于每个人关注的问题不同，每个人的回答都可能不相同；即使关注同一问题，由于对问题思考的层次不同，每个人的回答也可能不相同。……从这个意义上说，知识是非线性的、开放的，它不要求只有唯一正确的答案。"[1]这就是知识的主观性和相对性。从教育的角度说，我们更要凸显知识的情境性、历史性和文化性，因为抽象的、孤立的知识是没有生命力的，是难以被学生理解和吸收的。知识总是存在于特定的情境、历史、文化之中，它们之间是鱼和水的关系。离开了水，鱼还能活吗？其二，强调知识学习的建构性。学习是学生自己建构知识的过程，他不是简单被动地接收信息和反映世界，而是主动地建构知识的意义。"即便从知识观看具有真理性、客观性的知识，学习者个体也常常需要以建构的方式去理解它，从而使之成为'自己的'知识。"[2]建构主义学习观强调个体的先在因素在知识学习和生产过程中的参与性和决定性作用，确立了个人对知识进行理解、解释、批判、怀疑、修正乃至否定的权利和责任，同时也确立了个体主观能动性在个体知识习得中的地位和意义。

<u>从课程观（学科观）的角度说，三维目标秉承的是经验主义的课程观</u>，即强调经验和儿童活动在课程中的地位和作用。正如美国教育家埃贝尔（R. L. Ebel）所指出的："一个人经验（直接的或间接的）和记忆的一切内容，都可能成为他知识的一部分。如果经验和记忆的内容被整合进他

---

[1] 李海. 从现代走向后现代：知识论对课程理念的影响［J］. 江苏高教，2004（3）：87.
[2] 郑太年. 知识观·学习观·教学观：建构主义教育思想的三个层面［J］. 全球教育展望，2006（5）：35.

自己的知识结构中去的话，记忆内容就成了知识的一部分。"①杜威则直截了当地强调："学校科目相互联系的真正中心，不是科学，不是文学，不是历史，不是地理，而是儿童本身的社会活动。"②经验主义课程观不仅倡导独立设置经验课程、活动课程、体验课程，而且强调对传统学科课程的"改造"和"变革"。在新课程改革中，其突出表现在：第一，力求突破学科本位，改变学科内容"繁、难、偏、旧"和过于注重书本知识的现状；第二，注重学科与生活的有机整合，加强学科内容与学生生活以及现代社会和科技发展的联系；第三，教材编写注重儿童参与，凸显儿童文化，注重从儿童的立场和视角出发提出问题、分析问题、解决问题，使教材充满童心童趣。

从教学观的角度说，三维目标基于建构主义观点，倡导尊重学生能动性的"建构式教学"，其在新课程实施中表现为自主学习、合作学习和探究学习。自主学习、合作学习、探究学习是建构主义学习的具体表现和精神特质。自主学习对应于"个人建构主义"。在建构主义看来，"不是因为学科知识的基本特征放之四海而皆准，才导致学生对世界的认识与理解。恰恰是通过学生的理解，学科知识进入学生个体的经验，对学生个体的生活境遇和问题作出解释，学生从中获得人生成长的启示，学科知识才获得存在的意义"③。自主学习的精神实质是弘扬学生学习的主体性、能动性、独立性，其中独立性是自主学习的灵魂。从人性的角度说，独立性是学生所普遍具有的一种最宝贵的精神特性。充分尊重、正确引导、竭力发展学生的独立性是建构主义教学的根本体现。合作学习对应于"社会建构主义"。社会建构主义认为，认识是一种在个体的认识建构活动之上，加上同他人的交互作用之中，共同建构知识的过程。知识的生成不是单纯个体内部的事

---

① 瞿葆奎.教育学文集·智育［M］.北京：人民教育出版社，1993：44.
② 杜威.杜威教育论著选［M］.赵祥麟，王承绪，编译.上海：华东师范大学出版社，1981：6.
③ 安桂清.知识理解与教学创新：诠释学的视角［J］.全球教育展望，2006（8）：20.

件，而是通过大量心智的辩证的交互作用而建构的①。交往、互动、分享是合作学习的基本特性。无论是个人建构还是社会建构，其本质都是一种探究过程，它是一种基于问题（发现问题、提出问题、分析问题、解决问题）的真实的系统的有深度的思考活动。好奇心、批判性思维和求真意识是探究的精神元素，让学生在课堂教学中过一种充满智慧的、符合人性的探究生活，是建构主义教学的精神旨趣。

课程教学改革从"双基"走向"三维目标"，其进步是不言而喻的。其中既有量变也有质变：量变就是从"一维（双基）"到"三维"，质变就是强调学生的发展是三维整合的结果。从学科角度讲，三维目标较之"双基"更全面地反映了学科的完整性和本质性。"任何学科的构成总是包含了知识、方法、价值这样三个层面的要素：其一，构成该学科的基础知识和基本概念的体系；其二，该学科的基础知识和基本概念体系背后的思考方式与行为方式；其三，该思考方式与行为方式背后的情感、态度和价值观。"②因此，"三维目标"不是外在于学科的，而是学科内在隐含的要素和价值。从广义知识观的角度看，任何学科知识都包括知识内容、知识形式和知识旨趣三个维度或三重含义。知识内容（符号表征）的主干部分就是基础知识和基本技能，它是一门学科中最外显的部分；知识形式（逻辑结构）是一门学科的认知方式和思维形式，是学科基础知识和基本技能形成与获得必经的路径和方式，表现为"过程与方法"，它是一门学科的内在构造；知识旨趣（价值意义）隐藏于知识内容、形式背后，表征着知识生产的目的、宗旨、理想、情感、信念与价值追求③，表现为情感态度与价值观，

---

① 钟启泉. 知识建构与教学创新：社会建构主义知识论及其启示 [J]. 全球教育展望，2006（8）：12-18.
② 钟启泉. "三维目标"论 [J]. 教育研究，2011（9）：63.
③ 潘洪建. 知识旨趣：基本蕴涵、教育价值与教学策略 [J]. 当代教育与文化，2014（4）：50-55.

它是一门学科的灵魂。从知识类型的角度看，三维目标对应着心理学所划分的事实性知识、方法性知识和价值性知识三种知识类型，三维知识是完整知识观的体现。从学生学习的角度看，三维目标对应着学会、会学、乐学，是学生完整学习的体现。如果说"双基"教学是应试教育在课堂教学中的体现，那么三维目标则是素质教育在课堂教学中的落实。素质教育的核心理念就是在坚持面向全体学生的前提下，注重学生身心素质的全面发展，强调学生的主动的生动活泼的发展。三维目标正是力图在学科（课程）层面促进学生主动学习和全面发展。显然，三维目标之于"双基"既有继承，更有超越。时至今日，我们依然认为三维目标的改革方向是正确的，它引发了我国教育思想和教学模式的一场深刻的持久的变革，对推动我国教育的现代化建设功不可没。

三维目标导向的新课程改革在理论和实践上一直伴随着各种争论，在教学实践上围绕着"学科性与生活性（儿童性）、重过程（多元性）与重结论（单一性）、学生自主学习（自主建构）与教师讲授指导（价值引领）"等几对矛盾不断地争论和摇摆，学术界则有著名的"钟王之争"以及对"三维目标"本身的质疑。这些争论推动着新课程的深化发展，同时也暴露出新课程存在和生发的各种问题。笔者曾在大量调查研究的基础上总结了新课程教学改革所取得的成绩和存在的突出问题。所谓"成也萧何，败也萧何"，新课程教学改革最根本的成绩就是三维目标的确立和落实，教学突破了以往"双基"的局限，走向了知识、能力、态度共同发展；其存在的突出问题则是三维目标的虚化，即基础知识和基本技能被弱化、过程和方法方面出现了"游离"现象、情感态度和价值观方面出现了"贴标签"现象[1]。正如崔允漷教授所指出的："十年声势浩大的课程改革所表现出来的种种证据表明，新课程所倡导的先进理念得到了很大程度的认同，但先进的

---

[1] 余文森.新课程教学改革的成绩与问题反思[J].课程·教材·教法，2005（5）：3-9.

理念与残酷的现实之间的'两张皮'现象不是存在，而是十分严重。"[①] 为此，对新课程改革的总结和反思一直持续进行，教育部也从 2004 年开始筹划对义务教育课程标准的修订，直至 2011 年 12 月才正式颁布修订版的课程标准。这从一个侧面反映了修订过程的复杂性。

第三节 核心素养导向的课程教学改革

2014 年 3 月，《教育部关于全面深化课程改革落实立德树人根本任务的意见》首次提出核心素养，要求研究制订学生发展核心素养体系，并将之置于深化课程改革、落实立德树人根本任务的关键领域和重要环节，核心素养成为修订课程标准、研制学业质量标准的重要依据。2016 年 9 月，中国学生发展核心素养总体框架正式发布，以培养"全面发展的人"为核心，从文化基础、自主发展、社会参与三个方面，凝练出人文底蕴、科学精神、学会学习、健康生活、责任担当、实践创新六大素养，具体细化为国家认同等十八个基本要点。核心素养总体框架的发布，引发了社会高度关注。核心素养成为中小学课程教学改革研讨的主题词。2017 年 12 月，基于学科核心素养的高中各学科课程标准印发，核心素养开始进入课程，走进中小学。课程教学改革进入了核心素养的新时代。

那么，核心素养究竟指什么？《教育部关于全面深化课程改革落实立德树人根本任务的意见》明确把核心素养的内涵界定为"学生应具备的适应终身发展和社会发展需要的必备品格和关键能力"。为什么是品格和

[①] 崔允漷.基于课程标准：让教学"回家"[J].基础教育课程，2011（12）：51.

能力？这是因为品格（必备品格）是一个人做人的根基，是幸福人生（道德人生）的基石；能力（关键能力）则是一个人做事的根基，是成功人生（智慧人生）的基石。必备品格和关键能力是一个人精神发展的"基因"和"种子"，两者从根本上决定了一个人精神发展的内涵和高度。品格和能力实际上就是德和才，一个真正的人必须做到德、才的和谐统一。正如北宋政治家司马光所说："才者，德之资也；德者，才之帅也。"德才兼备一向是我们育人选人用人的方向和标准。可以说必备品格和关键能力是对德才兼备的人的最准确的刻画，是对我们教育目的的最精练的概括。核心素养实际上就是对我们所要培养的人的"画像"，是落实立德树人根本任务的抓手。

核心素养是关乎"培养什么样的人"的大问题，是当前国际课程改革的主旋律、最强音。许多国家与地区、国际组织都把核心素养视为课程设计的 DNA，努力研制基于核心素养的课程标准，期望在核心素养统领下推进课程教学的深化改革。核心素养"既然是 DNA，那就意味着整套课程的全部密码都在其中。换言之，核心素养是课程体系的'基质'和纲领，课程的所有目标与内容均须由此推演而来"[①]。核心素养（学科核心素养）也是我国本次课程标准修订的一根红线，贯穿课程标准修订的全过程，统领课程标准修订的各部分，指导着学科课程知识的选择、课程内容的组织、课程难度的确定、课程容量的安排、课程的实施以及学业质量标准的确立，从而使课程标准的各个组成部分保持内在的一致性和统一性。其结构如图 1-1 所示。

[①] 郭晓明.从核心素养到课程的模式探讨：基于整体支配与部分渗透模式的比较［J］.中国教育学刊，2016（11）：45.

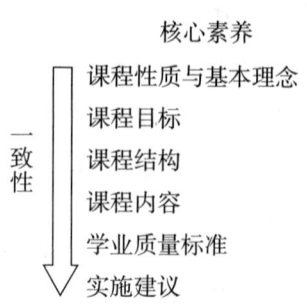

图 1-1　核心素养与课程标准的一致性关系

相对而言，以三维目标为导向的课程标准是一种内容标准，以核心素养为导向的课程标准则是一种成就标准，这是一种更加凸显人的发展的课程标准。

从知识观的角度说，核心素养倡导的是一种"意义的知识观"。费尼克斯说"知识就是意义的领域"。20世纪以来，"哲学的一个基本走向，就是迈向意义的世界"。在知识的探讨上，人们开始广泛关注知识的意义向度。"意义问题已经逐渐进入人们的研究视野，并成为时代主题，生命哲学、存在主义、解释学、现象学等无不把人的意义世界作为一个基本的关注焦点。"①人与知识的关系不再局限于认识关系、反映关系、理解关系和建构关系，而是强调彼此的存在关系和意义关系，即知识对于人的意义。"这种意义关系应该比认识关系更基本、更深层、更具包容度。首先，它不排斥学习者对课程知识的认识，但这种认识更强调生成性、体验性、文化性，强调学习者对知识的个人心理意义的建构。其次，更为重要的是，它强调课程知识对学习者的精神意义，强调知识的价值不仅仅在于提高认识、发展能力，更应使学习者感受到生命的充实性和意义性，能够对个体有意义的生活给予滋养、护持。"②显然，知识与人的意义关系不仅超越了客观主义知

---

① 李召存. 课程知识的生存论透视［J］. 教育理论与实践，2006（8）：34.
② 同① 35.

识观，也超越了建构主义知识观。从关注知识的性质（特征）转向关注知识的意义（功能），这是核心素养形成的知识论基础。"认识是指向人本身的，即使是关于客观世界的知识，也在最终目的上指向人的精神世界的形成和改造。……人的所有认识，都是围绕着人本身而展开的。……知识本身没有目的，学习知识也不是最终的目的。求知的目的永远是对人的关切，对知识的追求本身是为了了解人所在的处境，拓展人的精神世界，丰富人的内在品质。"所以，必须"将知识的表层与人的生活、人本身联系起来，将知识回归到人身上，回到人的德性与精神世界的建构上，知识才能够获得自己的深层结构，即意义结构，人也才能同时凭借知识的意义而深化生命的意义"。[1]

从课程观（学科观）的角度说，核心素养关注和强调的是课程（学科）的育人价值。对学科的教育价值，著名教育家叶澜教授曾有过精辟的论述："每个学科对学生的发展价值，除了一个领域的知识以外，从更深的层次看，至少还可以为学生认识、阐述、感受、体悟、改变这个自己生活在其中并与其不断互动着的、丰富多彩的世界（包括自然、社会、人，生活、职业、家庭，自我、他人、群体，实践、交往、反思、学习、探究、创造等等）和形成、实现自己的意愿，提供不同的路径和独特的视角，发现的方法和思维的策略，特有的运算符号和逻辑；提供一种惟有在这个学科的学习中才可能获得的经历和体验；提升独特的学科美的发现、欣赏和表达能力。"[2]强调学科对人的发展价值与强调知识对人的意义，两者是一脉相承的，都是以人为本教育思想的根本体现。离开了人，离开了人的发展，知识和学科的价值也就丧失殆尽。这就要求我们不能只在学科上做文章、在学科的知识体系和知识点上下功夫，而且要深入学科的内

---

[1] 孙彩平，蒋海晖. 知识的道德意义：兼论学科教学中道德意义的挖掘[J]. 中小学德育，2012（10）：14-15.

[2] 叶澜. 重建课堂教学价值观[J]. 教育研究，2002（5）：6.

核,挖掘学科的独特育人价值,在培育学生核心素养上聚力发力。可以说,以核心素养为导向,重新认识学科、发现学科、组织学科、建设学科是当前深化课程改革的重头戏。钟启泉教授从"上通下联"两个角度揭示和阐述了学科重建的思路:"其一,'上通'——从学科的本质出发,发挥学科的独特价值,探讨同学科本质休戚相关却又超越了学科范畴的'认知的、情意的、社会的''通用能力'(诸如问题解决、逻辑思维、沟通技能、元认知)的培育,进而发现学科的新的魅力与命脉。其二,'下联'——挖掘不同于现行学科内容的内在逻辑的另一种系统性。亦即从学科的本质出发,并从学科本质逼近'核心素养'的视点,来修正和充实各门学科的内容体系(学科固有的知识与技能),进而发现学科体系改进与改革的可能性。"[1]

从教学观的角度说,核心素养要求从"为了知识的教学"转向"基于知识的教学",知识要从教学的目的和归宿转变为教学的工具和资源,知识和知识教学要服从、服务于人的素养的形成和发展。当然,基于知识的教学绝不是不要知识的教学,知识是人的素养形成和发展的载体,巧妇难为无米之炊,教学不可能在无知识的"真空"中进行,但是,真正的教学又绝不能只停留在知识上,知识犹如食材,从食材中吸取营养是饮食的目的,从知识中吸取人的精神发展的营养素才是教学的目的,知识说到底就是教学的媒介,教学的宗旨是通过知识的学习促进学生核心素养的发展。从教育思想的角度讲,我们要把"为了知识的教育"转化为"通过知识获得教育",知识是教育活动中促进学生发展的一种文化资源和精神养料。在人与知识的关系上,正如周彬教授所言,要从"一个人在学习学科知识"转向"一个学习学科知识的人"[2]。"一个人在学习学科知识"指的是学科知识

---

[1] 钟启泉.学科教学的发展及其课题:把握"学科素养"的一个视角[J].全球教育展望,2017(1):15.

[2] 周彬.课堂密码[M].上海:华东师范大学出版社,2009:19-20.

成为课堂教学的中心，学生按照学科逻辑接受、复制、被动地掌握既定的学科知识，课堂学习成为一种纯粹的恪守学科知识逻辑、传承学科知识的流程。这种教学把学生排斥在课堂之外，学生成了课堂的局外人。"一个学习学科知识的人"指的是人才是课堂教学的中心，学生按照自己的意愿和兴趣，从自己的生活、经验出发，通过自己的实践和认识建构自己的学科知识。从新高中课程标准的实施建议中我们发现，以核心素养为导向的学科教学特别倡导"学科活动""深度教学""问题路径""任务导向"等教学方式和策略，其中学科活动是对学科教学的本质定位，学科教学过程即学科活动特别是学的活动的过程，"素养只有在需要素养的活动中才能得到形成和发展"；深度教学指向学科的本质特别是学科的思想方法和学科的精神文化；问题路径强调的是以问题为导向和逻辑而不是以知识为导向和逻辑展开教学，从而使教学过程真正成为学生的思维过程；任务导向强调学习活动的实践性、项目性、作品性、社会性，培养学生解决实际问题的能力。这些教学方式和策略是对三维目标教学实践和"自主、合作、探究学习"的总结、提升，它们将引领学科教学从知识走向素养。

显而易见，核心素养较之于三维目标，在改革的思想和方向上又前进了一大步。三维目标较之于"双基"，相对完整地反映和体现了学科的内涵和教育取向，核心素养则在这个基础上进一步凸显和强调学科的本质和育人价值。三维目标是教育由学科（知识）转向人的起点，核心素养则使教育真正回到人身上。以前的教学更多地纠结于"双基"和三维目标的落实，教师也对所教学科的知识点及其具体要求如数家珍，却对通过这些知识点的教学究竟要形成和发展学生的哪些核心素养不甚明了，教学失去了方向，一直在打外围战，结果是劳而无功，师生负担重，学生发展却不理想。只有以核心素养（学科核心素养）为导向，学科知识及其教学才能找到真正的归宿。

素质教育是一个与时俱进的发展命题，在不同的历史阶段有不同的着眼点、着力点。今天，素质教育已经走到了提升学生核心素养的新阶段。也可以说，发展核心素养是素质教育的当下特征。中国学生发展核心素养和学科核心素养不仅细化了素质教育的目标和内涵，也为素质教育的推进找准了新的生长点和立足点。核心素养引领我们的课程教学改革走进新时代！

第二章

从学科立场走向教育立场，课程标准的重大变革

课程标准是基础教育的"宪法""纲领"和"章程"，对中小学教育教学具有方向性、指导性、规定性的作用。2022年3月，教育部印发了义务教育阶段新修订的各门课程标准（以下简称"新课程标准"）。对新课程标准的解读和学习、理解与落实是当前基础教育界一件十分紧迫的大事。对新课程标准，可以从三个维度进行解读：第一，"属性"的维度。新课程标准是什么样的文本，文本的性质、框架及其所具有的教育学属性是什么？第二，"课程"的维度。课程标准的内核是课程，是"基于课程、通过课程、为了课程"的标准，新课程标准所蕴含和反映的课程观发生了什么变化？第三，"标准"的维度。课程标准的形式是标准，是从标准的角度来规范课程的，新课程标准在形式或结构上有什么变化？

第一节　新课程标准的属性：内涵澄清与文本框架

课程标准是什么样的文本？其框架或主体内容有哪些？课程标准在整个教育体系之中处于什么样的位置，发挥什么样的作用？

新颁布的《义务教育课程方案（2022年版）》指出："国家课程标准规定课程性质、课程理念、课程目标、课程内容、学业质量和课程实施等，是教材编写、教学、考试评价以及课程实施管理的直接依据。"[①] 这句话包含了三层意思：第一，强调课程标准的属性。课程标准体现的是国家意志，是国家教育意志在课程层面的体现，不是参与研制和修订的专家的个人学术见解和主张，这是课程标准权威性的根据。各行各业都有国家标准，课程作为学校教育的核心，自然也得有国家标准。课程标准是国家教育标准的重要组成部分。第二，提示课程标准的文本构成。国家课程标准主要由"课程性质、课程理念、课程目标、课程内容、学业质量和课程实施"等组成，这六个板块是课程标准的主体。其中课程性质是对一门课程的"定性"，主要回答这是一门什么样的课程，这门课程的育人价值和教育意义是什么；课程理念是对本次课程改革的"定位"，主要阐述课程改革的立场、方向和观点；课程目标是对学生学习这门课程应达到的发展水平和最终结果的预设和期待；课程内容是这门课程的学习范围和对象；学业质量是学生在完成阶段性学习之后的学业成就表现；课程实施是根据课程标准进行

[①] 中华人民共和国教育部. 义务教育课程方案（2022年版）[S]. 北京：北京师范大学出版社，2022：11.

的教材编写、教学、评价考试等活动。这六个板块相对完整地阐述了一门课程的主要教育教学问题。第三，规定课程标准的作用。所有标准都具有规范、依据作用，课程标准"是教材编写、教学、考试评价以及课程实施管理的直接依据"。何谓直接依据？法官判案的直接依据是"法律"而不是"法学"，教师教学活动的直接依据是"课程标准"而不是"教育学"。可以说，所谓直接依据，也就是刚性的要求，国家和学校组织的一切有关课程的活动都必须基于课程标准：教科书必须依据课程标准编写，教学必须依据课程标准展开，考试评价必须依据课程标准命制试题。课程标准是带有法的性质的课程活动纲领、准则，或者说是具有法律法规性质的实践性的"教育学"。新课程标准的文本框架与逻辑思路如表 2-1 所示。

表 2-1　新课程标准的文本框架与逻辑思路

文本框架				逻辑思路 （要回答的基本问题）
一、课程性质				本课程的来源及其特征是什么？ 为什么要学习本课程？ 对学生发展有什么重要价值？
课程性质及教育价值				
二、课程理念				本课程的价值追求是什么？ 如何通过课程标准的各部分来落实？
目标理念	内容理念	实施理念	评价理念	
三、课程目标				本课程对学生核心素养培育的贡献是什么？ 其进阶水平是怎样的？ （课程目标是核心素养的具体化）
共时性 历时性	核心素养内涵		目标要求	
结果	要素及内涵		课程总目标	
过程	学段特征（素养进阶）		学段目标	

续表

文本框架	逻辑思路 （要回答的基本问题）
四、课程内容 内容结构图 { 1. 内容单位1 　　（1）内容要求 　　（2）学业要求 　　（3）教学提示 　2. 内容单位2 　　…… 　3. 内容单位3 　　…… 　N. 跨学科主题学习 　　——跨学科内容 } 观念 主题 任务	给学生提供哪些经验（课程内容与基本活动）来达成课程目标？
五、学业质量 	学业质量内涵	学业质量描述		如何判定学生课程学习的结果？
六、课程实施 | 教学建议	评价建议	教材编写建议	课程资源开发与利用	教师培训与教学研究		如何有效实施本课程？

  课程标准是国家规范基础教育课程运作的纲领性文件，也是教育行政部门推进课程改革行动的指导性文件。所以，从国家层面讲，基础教育课程改革乃至整个基础教育改革往往要从课程标准的研制或修订开始，这几乎是国际惯例。课程标准的研制和修订是基础教育改革的引擎和支点。没有这个引擎，改革引发不出来；缺乏这个支点，改革就无从着力。实际上所有行业都无一例外，标准的制订和确立是改革与发展的源头。课程标准是基础教育改革的第一依据、第一推动力。我国二十年来基础教育改革的实质性进展都是源于课程标准的研制和修订。

第二节 新课程标准的立意：从学科立场走向教育立场

本次课程标准修订强化和凸显人的因素，将课程目标指向核心素养，推动基础教育课程由学科立场向教育立场（学生发展）转型，这是课程观的根本变革。

立场问题是课程标准研制和修订的首要问题。学科立场和教育立场是课程标准研制和修订的两种基本立场。学科立场是学科本位论的体现，教育立场则是以人为本（儿童本位论）的反映。本次义务教育课程标准修订以立德树人根本任务为指引，以核心素养（人的全面发展）为导向，旗帜鲜明地把课程从学科立场转向教育立场，以人的发展特别是核心素养的形成为宗旨，重建课程标准的方方面面。

将核心素养作为课程标准的内核或基因，凝练课程培育的核心素养就成为课程标准修订的先导性、关键性工作。

凝练课程培育的核心素养本质上要精准回答以下问题：第一，我们究竟要"培养什么人"？第二，本门课程的独特育人价值是什么？结合起来说，本门课程在促进学生全面发展或核心素养的整体提升中究竟扮演什么角色，发挥什么作用？这里实际上涉及人的核心素养与课程培育的核心素养的关系问题。相对而言，人的核心素养指向人的全面发展，课程培育的核心素养指向人的特色发展，两者是一般与特殊、共性与个性、整体与局部的关系，是相互包含、相互转化、相互融合的关系。"如果说，核心素养是作为新时代期许的新人形象所勾勒的一幅'蓝图'，那么，各门学科则是支撑这幅蓝图得以实现的'构件'。"①但是两者又有相对独立性，不能相互取代。一门课程培育的核心素养就是这门课程在促进人的一般、共性、整体发展中所发挥的特殊、个性、局部的价值和作用，从而以特殊、个性、局部的发展带动一般、共性、整体的发展。在课程的层面讲核心素养，强调的是课程的独特育人价值，是从课程的角度培养学生，但最终指向人的核心素养的发展，服务于人的一般、共性、整体的发展。正如苏联教育家赞科夫所言："一般发展是特殊发展的牢固基础并在特殊发展中表现出来，而特殊发展又在促进一般发展。"②

具体而言，本次义务教育课程标准修订在凝练课程培育的核心素养上特别强调三个核心点：第一，深度挖掘各门课程的独特育人功能。学校教育是以课程为载体进行的，各门课程的确立则是以其独特的育人价值和功能为依据的。"事物之所以存在并拥有立足之地、继而具有独立甚至崇高的学科地位，更大程度上是由它无以替代的'功能'所决定。"③所以，凝练各门课程培育的核心素养，首先就要深度挖掘和精准阐述课程独特的育人功能。第二，注重本课程对促进学生一般发展应做的贡献。每门课程虽各有侧重，但都内在地包含德智体美劳的要素和成分。发挥全面育人功能、促进学生一般发展是每门课程不可推卸的职责，学生德智体美劳全面发展需要所有课程共同发力。第三，遵循义务教育的规律，体现义务教育的特性。我们要提炼的是义务教育阶段各门课程培育的核心素养，理所当然地必须遵循义务教育的根本规律并体现其根本特性。其一是基础性。义务教育是基础教育中的基础，义务教育要培育的是基础维度、基础层面的核心素养，

---

① 钟启泉. 基于核心素养的课程发展：挑战与课题［J］. 全球教育展望，2016（1）：8.
② 赞科夫. 教学论与生活［M］. 俞翔辉，杜殿坤，译. 北京：教育科学出版社，1984：25.
③ 林丹. 学科性质、学科体系抑或学科功能？：理性审思教育学学科地位的独立原点［J］. 教育学报，2007（3）：16.

义务教育阶段课程培育的核心素养应具有基础性、起始性，为高中阶段乃至终身发展打根基。其二是综合性。课程的综合化和跨学科性是义务教育课程改革的世界性走向，凝练义务教育阶段课程培育的核心素养必须体现这些特性，注重挖掘各门课程对培育学生综合素养应做的贡献。其三是成长性。义务教育阶段的培养对象是快速成长的儿童少年，为此要从成长的视角提炼和阐述课程培育的核心素养的内涵，使这些核心素养成为可以引领儿童少年持续成长的风向标，而不是一个凝固的评判标准。

这三点是教育部义务教育阶段课程标准修订指导组的统一要求，也是课程标准修订组的共识。本次义务教育阶段课程标准修订中所凝练出来的各门课程培育的核心素养都体现了这三条基本要求。义务教育阶段各门课程培育的核心素养如表 2-2 所示。

表 2-2　义务教育阶段各门课程培育的核心素养

课程	培育的核心素养
道德与法治	政治认同、道德修养、法治观念、健全人格、责任意识
语文	文化自信、语言运用、思维能力、审美创造
历史	唯物史观、时空观念、史料实证、历史解释、家国情怀
英语（日语、俄语）	语言能力、文化意识、思维品质、学习能力
数学	会用数学的眼光观察现实世界，会用数学的思维思考现实世界，会用数学的语言表达现实世界
地理	人地协调观、综合思维、区域认知、地理实践力
科学	科学观念、科学思维、探究实践、态度责任
化学	化学观念、科学思维、科学探究与实践、科学态度与责任
物理	物理观念、科学思维、科学探究、科学态度与责任
生物学	生命观念、科学思维、探究实践、态度责任
体育与健康	运动能力、健康行为、体育品德
信息科技	信息意识、计算思维、数字化学习与创新、信息社会责任

续表

课程	培育的核心素养
艺术	审美感知、艺术表现、创意实践、文化理解
劳动	劳动观念、劳动能力、劳动习惯和品质、劳动精神

总之，人的问题和教育的问题成为课程标准的首要问题。可以说，课程标准从课程视角具体、真实地回答了教育学的核心命题，即"培养什么人、怎么培养人"（培养学生什么素养，用什么内容、通过什么路径培养）的问题。从这个意义上讲，课程越来越成为教育问题而不仅仅是学科问题，课程标准的教育学味道越来越浓，甚至可以说，课程标准就是一门基于课程的"教育学"！

显然，核心素养导向的新课程标准既不同于三维目标导向的课程标准，更不同于"双基"导向的教学大纲。之前的课程标准和教学大纲从根本上说都是属于内容导向或者说是以内容为核心的，都是围绕着学科知识内容的选择与组织来做文章，几乎看不到人的因素，也极少阐述和揭示课程的育人价值，所以跟教育学的关系相对"疏远"。据参加最后一次教学大纲修订的专家回忆，教学大纲修订的主题和中心还是知识的多少、难易。

三维目标导向的课程标准较之于教学大纲当然是前进了一大步。这种进步的突出表现是知识观的变革。三维目标实质上指向知识的三个维度、三种属性或三个类型，即事实性知识、方法性知识、价值性知识。课程标准围绕这三种知识进行选择和组织，较之单纯关注结论性知识（"双基"）的选择和组织自然是一大进步，完整、全面的知识也更有助于学生的发展。但是，三维目标并不等同于人的发展，落实了三维目标不等于就实现了人的发展。人的发展在三维目标导向的课程标准里是一个抽象的概念，没有聚焦性的内涵，因此难以得到真正的落实。实际上，在实施过程中，三维目标出现了割裂现象，游离于人的发展之外。

凝练课程培育的核心素养，挖掘课程的独特育人价值，就是要解决三维目标与人的发展的统一性问题。在新课程标准中，人的发展被转化和具体化为核心素养的发展，课程标准修订特别是课程内容的选择、组织、建构都围绕着核心素养，体现着核心素养，并力求最终转化为核心素养，这样人的发展也就与课程内容建立起有机统一的联系。正如崔允漷教授等人所言：课程培育的核心素养，"一方面直接承接于课程育人目标，有利于让学科教育'回家'；另一方面明确了学生学习某学科课程后应达成的正确价值观、必备品格和关键能力，对前述三维目标进行了上位的有效统整，从而避免了教学实践中三维目标走向割裂"[1]。

朱慕菊同志代表义务教育课程标准修订工作指导组在课程标准修订大会上所做的发言指出："以核心素养为主轴来构建各学科的课程标准，其重要意义在于，推动与实现从学科本位、知识本位到学生素养发展本位的根本转型，必然带动从课程目标、课程内容、教学过程到评价考试等关键环节走向以素养为纲的系统转型，形成以学生素养发展为指向的各门课程整体育人观念和课程系统。从这个意义上说，核心素养已成为我国基础教育课程改革中具有关键意义的概念和理念，必须实实在在落在课程标准的各部分，并在深层次上有着清晰的逻辑关联。"核心素养是我国本次课程标准修订的一根红线，是课程设计的 DNA，贯穿课程标准修订的全过程，统领课程标准的各部分，从而使课程标准的各个组成部分保持内在的一致性和统一性。核心素养既然是课程的 DNA，"那就意味着整套课程的全部密码都在其中。换言之，核心素养是课程体系的'基质'和纲领，课程的所有目标与内容均须由此推演而来"[2]。

---

[1] 崔允漷，郭洪瑞. 试论我国学科课程标准在新课程时期的发展[J]. 全球教育展望，2021（9）：10.
[2] 郭晓明. 从核心素养到课程的模式探讨：基于整体支配与部分渗透模式的比较[J]. 中国教育学刊，2016（11）：45.

核心素养与课程标准各部分的关系为：课程性质是人的核心素养具体到课程层面的依据，包含这门课程及其所依托的学科的基本属性、特点、价值和意义；课程理念体现核心素养导向的课程改革的基本诉求，阐述基于核心素养的课程改革的方向和追求；课程目标是人的核心素养具体到课程的转换枢纽，集中阐述课程培育的核心素养的内涵、维度、学段特征等；课程内容是课程培育核心素养的载体，从有利于核心素养形成的角度进行建构；学业质量是课程培育的核心素养的表现，是核心素养在具体课程内容上的体现；课程实施是课程培育核心素养的路径和保障，从有助于核心素养形成的视角阐述课程实施的要素、过程和条件。

如此，课程标准就不再只有肉体和骨骼，而且有了自己的精神和灵魂，课程标准上站立起一个真正的人！课程标准由此实现了由学科本位向人本位的转型，这是实现整个教育由学科本位向人本位转型的一个"支点"。

第三节　新课程标准的结构：内容标准、活动标准、质量标准的三位一体

新课程标准涵盖内容、活动、质量三个维度，用一个公式表示就是：课程标准＝知识内容标准＋教学活动标准＋学业质量标准。这是一个在形式和结构上相对完整的标准。从学习的角度来说，课程标准完整地回答了学习的三个重要问题：学什么、怎么学、学得怎样（学会什么）。从教育的角度来说，课程标准回应了教育的三个核心问题：用什么培养人（教育内容）、怎么培养人（教育活动）、培养到什么程度（教育质量）。从认知加工的视角来看，内容是输入端，活动是加工端，质量是输出端。三者构成了

相对完整的逻辑体系。值得强调的是，它们不是三个或三类标准，而是一个完整标准的三个维度、三个方面。这三个维度、三个方面的标准不是各自独立、各自为政的，而是相互关联、有机统一的。

一、突出少而精：知识内容标准及其意义

知识内容标准解决学生学什么和教师教什么的问题。学生学什么、教师教什么是最重要、最基本的教育问题，是国家事权。既然是国家事权，那就得由国家对其进行规范，统一指定学习内容的范围和要求，这就是所谓的知识内容标准。

知识是课程的内核，知识内容标准是课程标准的主体。之前的教学大纲和课程标准主要是围绕学科知识内容的选择和组织展开的（被称为内容取向的标准）。课程标准的本体就是知识内容标准，或者说知识内容标准是整个课程标准的主干，教学活动和学业质量的相关要求都是建立在知识内容标准之上的或依托于知识内容标准的。知识内容是教育教学的对象、抓手，是核心素养形成的载体。"巧妇难为无米之炊"，核心素养不可能凭空形成，只有通过课程知识内容的学习才能形成。所以，知识内容标准是第一维度的课程标准。

本次课程标准修订在知识内容的选择和组织上究竟有哪些突破和创新？可以说，内容标准的构建实际上是对"什么知识最有价值"这个经典教育学问题的实践回答。"从知识进化来看，只有最有价值的知识才有传承的必要，才能在知识进化链上处于更有利的位置；从人的发展来看，个人无法而且也没有必要'遭遇'所有知识，他们只需要最有价值的知识。因此，教育择取最有价值的知识是知识进化和个人发展两方面的需要，也是

在人与知识之间建立有效关系的需要。"①那么，究竟什么知识最有价值？这个问题自从诞生以来就一直被追问，它也是课程标准研制和修订中首先必须回应的问题。上一次课程标准修订以"三维目标"为纲回应了这个问题，把一门学科最有价值的知识分为知识与技能、过程与方法、情感态度与价值观三个维度，并围绕这三个维度对学科知识内容进行精选，去除和删减"繁难偏旧"的知识内容。本次课程标准修订则重在强化"核心素养"意识，以核心素养为纲进行精选，即选择最具有核心素养成分和培育价值的学科知识内容并进行结构化组织。

义务教育课程标准修订工作指导组组长朱慕菊指出："课程内容是课程标准的主体。课程内容的遴选和结构安排是课程理念的生动体现。以学科知识点线性排列呈现的课程内容，难以有效实现核心素养的培养。"发挥课程培育核心素养的功能，需要优化课程内容结构体系：一要鲜明、准确地阐述各门课程内容组织的指导思想和结构方式；二要体现大观念、大主题、大任务等对课程内容的结构化作用；三要落实减负增效，为学生留出更多探究性学习的空间，保护好奇心，激发兴趣，培育创新精神。

强调课程内容的结构化，厘清了核心素养育人目标的突破口。核心素养具有内在性、综合性、情境性等特征，以此为育人目标的新课程在课程内容的组织上强调增强知识之间的联结，加强综合性与情境性，培养学生在真实情境中解决问题的能力。为了培育学生的核心素养，义务教育与普通高中各学科课程标准在修订时均注重课程内容的结构化。"课程内容的结构化承接于核心素养的育人目标体系，强调基于学科大观念、大任务、大问题等对于学科教学内容进行统整设计，往往借由大单元设计实现，以增强学科知识之间、学科与生活之间、学生与生活之间的联系，既应用于单一学科内，又应用于跨学科之间。素养时代课程内容的结构化组织不同于

---

① 阳泽. 知识社会中人与知识关系的教育学审视［J］. 教师教育学报，2018（5）：3.

以往以学科知识为中心和以学生经验为中心的结构化组织方式,而是提高站位,坚持素养立意,在坚持学科育人的基础上关照儿童的生活经验,从而消解了传统的知识中心和学生中心的对立。"[①]当课程育人目标由三维目标走向核心素养时,课程内容的组织方式也随之改变,结构化的组织方式有利于避免陷入碎片化的知识点罗列和堆积,这是对教学大纲时代的突破和超越。

对此,各学科课程标准修订组的共识是"学科大观念"。应该说,大观念是本次课程知识内容选择和组织的一个重大突破和亮点。实际上,这个观点在普通高中课程标准修订时就已确立。大观念是一门学科(课程)知识内容体系中最有解释力、统整力和渗透力的知识,这种知识内含学科思想、学科方法、学科思维,它就是核心素养在学科(课程)中的体现。虽然大观念在不同的课程标准里有不同的叫法,如语文课程标准提出"任务群",其他课程标准提出"主题""任务""项目"等,但它们本质上都强调以素养为纲,构建以问题解决为目标,以大主题、大任务、大单元等为形式的教学内容结构单位。例如,大单元强调单元的教学目标要落在素养上,教学内容的设计与学生学习行为的设计要统一,以学生学习行为的设计为主线,以问题或任务为导向,以学习项目为载体,统筹考虑,强调真实情境、真实任务,强调在问题解决过程中渗透学科思维模式和探究模式,突显学习过程的综合性和实践性,使学生经历完整的"学习单元",形成结构化、整体性的核心素养。

正如田慧生先生所指出的:"在全面梳理学科基础知识、基本技能的基础上,有效清理、统整知识点。结合学科特点、学生学习规律和学习需要,系统组织课程内容。关键是落实好培养目标、核心素养,这是检验的

---

① 崔允漷,郭洪瑞.试论我国学科课程标准在新课程时期的发展[J].全球教育展望,2021(9):10-11.

重要标准。"强调大观念，一方面旨在对学科知识内容进行精选和提炼，实现少而精的目标；另一方面旨在对学科知识内容进行重构和组织，实现有机整合的目标。《义务教育课程方案（2022年版）》规定：课程标准应"基于核心素养培养要求，明确课程内容选什么、选多少，注重与学生经验、社会生活的关联，加强课程内容的内在联系，突出课程内容结构化，探索主题、项目、任务等内容组织方式"①。大观念"可以把现行的极其丰富的学科内容精简为一组简单的命题，成为更经济、更富活力的东西"②。通过大观念构建简洁、简约、精简的课程知识内容框架，实现少而精的目标，既有利于核心素养的形成，又能实现"减负"的目的。新的地理课程标准在知识内容的重组上被视为典范（见图2-1）。

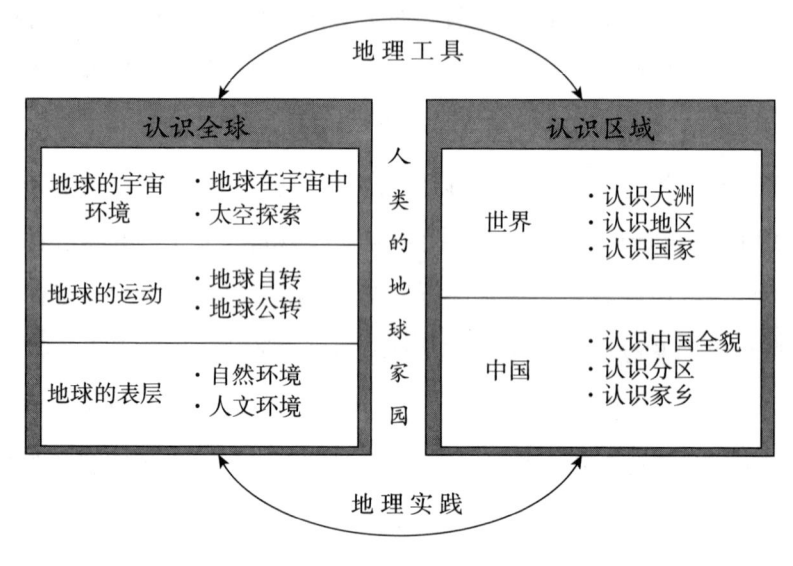

图2-1 地理课程内容结构③

---

① 中华人民共和国教育部.义务教育课程方案（2022年版）[S].北京：北京师范大学出版社，2022：11.
② 张雪.课程论问题[M].呼和浩特：远方出版社，2005：68.
③ 中华人民共和国教育部.义务教育地理课程标准（2022年版）[S].北京：北京师范大学出版社，2022：7.

二、以育人方式变革为核心：教学活动标准及其意义

课程内容是核心素养形成的载体，教学活动是核心素养形成的路径。核心素养的形成取决于课程内容和教学活动的有机结合。"实践中，有些知识具有教育性，有些知识缺少教育性，而事实上知识能否产生教育性，除了知识本身的属性外还取决于教育的方式和方法。"[1]能力只有在需要能力的活动中才得以培养，素养只有在需要素养的活动中才得以形成。学习不应只是静坐听讲、死记硬背、刷题考试的过程，更是实践、行动、体验、感悟的过程。没有个体真实、完整、深刻的活动及体验，相应的素养就无法形成。活动是素养形成的必经路径、程序、过程、环节，所以必须将它提升到与内容标准一样的高度，即提升到"刚性"和原则性要求的高度。把各门课程重要的基本的学习活动和经历提升到国家标准的高度来规定，而不是作为一般性的建议，就像理科的必做实验一样。

实际上，在新修订的课程标准中，教学活动标准是一个体系，包括教学理念、教学提示、教学建议和教学案例等。首先，教学理念位于课程理念部分，是课程理念的一部分，阐述教学改革的根本方向和价值追求，这是方向性的教学要求。其次，教学提示位于课程内容部分，直接指向具体内容（各个内容单位），这是操作性的教学要求，为将内容要求转化为学生学习内容、学习活动提供指导，为教材编写、教学设计、教学评价提供参考。教学提示的写作要求是：围绕学生的学习活动经历，整合教学策略、情境素材和学习活动三个方面的建议。其中教学策略建议指出教学设计的要点和需要注意的问题；情境素材建议明确与学习内容密切相关、体现素养发展要求的学习情境素材；学习活动建议指明必要的学习活动经历和过

---

[1] 王建华. 论人类的教育 [J]. 清华大学教育研究，2014（2）：30.

程、基本学习方式（如科学学科的调查、实验、制作，语文学科的查阅资料、调查访问、撰写报告等），将学科思想方法和学生应形成的核心素养融入学习活动。这三个方面的内容可以分开写，也可以整合在一起写。再次，教学建议位于课程实施部分，它是对一门课程的教学总要求，体现这门课程的教学改革核心理念、基本原则和关键策略，是教师进行本课程教学的总纲和准则。各门课程的教学建议必须体现《关于深化教育教学改革全面提高义务教育质量的意见》和《关于新时代推进普通高中育人方式改革的指导意见》以及义务教育课程方案的基本精神，同时突出该课程的独特性。最后，教学案例穿插在相关部分或被放在附录里，围绕教学的某个要点或亮点，展示一个相对完整而简洁的教学活动和教学方案，为教材编写特别是教师教学提供示范和样板。

如果说本次课程标准修订在课程内容上的突破和创新是突出学科大观念，那么在教学活动上的亮点就是强调"学科实践"。《义务教育课程方案（2022年版）》将"变革育人方式，突出实践"作为基本原则，强调"加强课程与生产劳动、社会实践的结合，充分发挥实践的独特育人功能"。[1] 学科实践是"具有学科意蕴的典型实践，即学科专业共同体怀着共享的愿景与价值观，运用该学科的概念、思想与工具，整合心理过程与操控技能，解决真实情境中的问题的一套典型做法"[2]。在教育视域中，学科实践是具有学科立场的学习，强调尊重学科的性质和特点，学习方式和学习活动要体现学科的精、气、神。课程学习不是简单的、直觉的、常规的日常学习，

---

[1] 中华人民共和国教育部. 义务教育课程方案（2022年版）[S]. 北京：北京师范大学出版社，2022：5.
[2] 崔允漷，张紫红，郭洪瑞. 溯源与解读：学科实践即学习方式变革的新方向[J]. 教育研究，2021（12）：60.

而是高于、超越于生活世界的学科学习。学生作为"形成中的专家"①，像学科专家一样探究和学习学科，深度触及学科本质、学科精神、学科方法等学科深层意蕴，建构起高于日常观念的学科大观念。学科实践同时又是以实践方式展开的学习。实践是人对客观世界施加本质力量的变革性行动，实践面对客观真实的问题，通过躬身入局的行动，追求显性可见的结果。以实践的方式学习，具体来说，就是在情境中、在活动中、在操作中、在应用中、在体验中学习，学习是学生的一段真实、现实、切实的行动过程和生命历程。以实践的方式学习，学习得以基于生活世界、回归生活世界，使学科大观念应用和服务于生活世界、改善和提升生活世界。学科实践是使科学世界、生活世界和个体内心世界相互砥砺、互构互成的学习方式，使身体与心理、感性与理性、直接经验与间接经验得到有机统一，更好地促进学生核心素养的形成。

教学活动是有目的、有意识、有指向的活动，规则的确立是至关重要的。本次课程标准修订就是要强化规则意识，从而加强课程标准对教师教学的指导性和约束性，推动和实现基于课程标准的课程实施。在逻辑上，课程解决的是"教什么"的问题，课程内容蕴含着核心素养形成的可能性；教学解决的是"怎么教"的问题，承载着通过课程培育核心素养的现实性。只有当"教什么"和"怎么教"在逻辑、性质、功能上具有内在的一致性时，特定的教学才具有实现课程的特定价值的功能。这就意味着，课程标准不但要规定课程内容，还要规定教学活动，对教师的教学活动进行方向引领、精神注入和行动规范，使教师沿着课程标准规定的方向，按照课程标准的基本精神，以特定的方法与过程设计和实施教学，根据课程内容"量身定做"教学活动，从而实现课程内容培育核心素养的价值。通过教学

---

① TSANG A K L. The evolving professional（EP）concept as a framework for the scholarship of teaching and learning [J]. International journal for the scholarship of teaching and learning, 2010, 4（1）: 1-10.

理念、教学提示、教学建议和教学案例等多层次的规定与指导，教学活动标准从"做什么""怎么做""用什么做"等方面为教师提供了适切于各门课程的具有规范性、操作性的教学方法与策略，实现了"教什么"与"怎么教"的统一、目标与手段的统一、过程与结果的统一。

三、让核心素养可见：学业质量标准及其意义

本次课程标准修订，各门课程都设立了基于核心素养的学业质量标准，增强了课程标准的完整性，提升了课程标准的约束力。这是新课程标准在形式和结构上的最大突破。之前的教学大纲和课程标准在结构上的最大缺陷就是只有内容标准而无质量标准。就标准的本义而言，质量是所有活动的落脚点，质量标准是最核心的标准。严格来说，没有质量标准就不是真正的标准。教育是有目的的活动，课程内容和教学活动都是指向学生学业质量的，学业质量没有标准，课程内容和教学活动的标准就没有了归属，实际上就不能算是真正的标准了。

关于质量标准，必须弄明白两个最主要的问题：一是质量究竟是什么？这是质量的内涵即质量观的问题。二是质量标准是什么？这是指质量的表现即质量的水平，它要解决质量的可视化、可测化的问题。

学业质量是学生在完成一门课程的阶段性学习后的学业成就表现，实际上就是学生在学完相应的课程内容后所发生的变化和取得的收获。在"双基"时代，人们主要关注的是基础知识和基本技能的掌握情况。在"三维目标"时代，人们关注的是三维知识即事实性知识、方法性知识、价值性知识的落实情况。在"核心素养"时代，我们关注的是核心素养的形成情况，即通过一定阶段的课程内容学习，学生是否形成了相应的核心素养。换言之，核心素养成为学业质量的内核。这是质量观的重大变化。确立基

于核心素养的质量观是本次学业质量标准研制的认识基础和思想基础。学业质量标准以课程培育的核心素养及其表现水平为主要维度，结合课程内容，对学生学业成就表现进行刻画和描述，用以反映课程目标的达成度。整体来看，本次课程标准修订中所研制的学业质量标准包含三个层次。

第一，"单位"质量标准。它是与"内容单位"相对应的学业要求。内容单位是指一个大概念、一个主题或任务群所包含的具体内容，与此对应的学业质量是指学完本内容单位之后，学生必须形成的核心素养的内涵和具体表现。例如，数学课程小学"数与代数"第一学段"数与运算"内容的学业要求是：

能用数表示物体的个数或事物的顺序，能认、读、写万以内的数；能说出不同数位上的数表示的数值；能用符号表示数的大小关系，形成初步的数感和符号意识。

能描述四则运算的含义，知道减法是加法的逆运算、乘法是加法的简便运算、除法是乘法的逆运算；能熟练口算20以内数的加减法和表内乘除法，能口算简单的百以内数的加减法；能计算两位数和三位数的加减法。形成初步的运算能力。[①]

第二，学段质量标准。这是一个学段学完之后必须达成的核心素养的质量要求。九年义务教育分为四个学段（其中"六三学制"为"二二二三制"，即1—2年级为第一学段、3—4年级为第二学段、5—6年级为第三学段、7—9年级为第四学段），相应地，就有四个学段的质量标准。在逻辑上，学段质量标准是一个学段内相关"单位"质量标准的综合概括和整体

---

① 中华人民共和国教育部.义务教育数学课程标准（2022年版）[S].北京：北京师范大学出版社，2022：19.

表述，在横向上聚合学段内对应于具体学习内容的学业要求，整体描述学生学业成就的关键表现。例如语文课程标准"依据义务教育四个学段，按照日常生活、文学体验、跨学科学习三类语言文字运用情境，整合识字与写字、阅读与鉴赏、表达与交流、梳理与探究等语文实践活动，描述学生语文学业成就的关键表现，体现学段结束时学生核心素养应达到的水平"[①]。数学课程标准中第一学段第一个方面（知识、能力）的学业质量标准为：

能结合具体情境，认识万以内的数及其大小关系，描述四则运算的含义，能进行简单的整数四则运算，形成初步的数感、运算能力和符号意识；能结合现实生活中的事物，认识并描述常见的立体图形和平面图形特征，会对常见物体的长度进行测量，形成初步的空间观念和量感；能对物体、图形或数据按照一定的标准分类，形成初步的数据意识。认识货币单位、时间单位和基本方向，尝试用数学方法解决问题，积累数学活动经验，形成初步的量感和应用意识。[②]

第三，义务教育质量标准。这是义务教育阶段各门课程的总体学业质量标准，通过将各学段的学业质量标准纵向连接起来，形成各门课程在整个义务教育阶段学业质量上的阶进关系，从总体上描述学生学习该课程的阶进过程和最后结果。例如数学课程中情感、态度和品格方面的学业质量标准，按四个学段概括，如表2-3所示。

[①] 中华人民共和国教育部.义务教育语文课程标准（2022年版）[S].北京：北京师范大学出版社，2022：37.
[②] 中华人民共和国教育部.义务教育数学课程标准（2022年版）[S].北京：北京师范大学出版社，2022：81.

表 2-3　义务教育数学课程学业质量标准（部分）[1]

学段	学业质量描述
第一学段	通过操作、游戏、制作等丰富多彩的活动，对数学产生一定的好奇心，形成学习数学的兴趣和初步的合作交流意识与独立思考的学习习惯
第二学段	经历数学学习的过程，通过操作、游戏等丰富多彩的活动，对数学形成一定的求知欲，具有学习数学的兴趣，初步养成独立思考、合作探究等良好的学习习惯
第三学段	对数学形成一定的好奇心与求知欲，具有学习数学的兴趣，初步养成良好的学习态度和习惯。初步建立学好数学的自信心，体会数学的价值，在解决问题的过程中逐步克服困难，初步形成一定的应用意识和创新意识
第四学段	感悟数学的价值，能够从问题解决的过程中获得数学活动经验，产生对数学的好奇心和求知欲，增强学习数学的兴趣，建立学习数学的自信心。能够在解决问题的过程中，学会独立思考、合作探究，形成批判质疑、克服困难、勇于担当的科学精神，具备一定的创新意识

这三个层次的学业质量标准组成了课程标准的质量标准体系，从而为各门课程的考试评价、教学活动、教材编写提供依据。"学业质量标准关注学生的学习结果，基于'质量驱动'的取向用以规范学生'学会什么'，作为考试评价的重要依据，有利于促进教、学、评的有机衔接，形成育人合力。"[2] 当然，学业质量标准的这三个层次是一个一般框架，各门课程学业质量标准的具体结构存在一定的差异。例如，道德与法治课程标准中的"单位"质量标准按学段进行描述，与学段质量标准比较接近和相似；地理课程标准中的学业质量标准没有按学段，而是按主题进行描述，是"单位"质量标准横向聚合的结果；语文课程标准中没有明确的对应于学习内容的

---

[1] 中华人民共和国教育部. 义务教育数学课程标准（2022年版）[S]. 北京：北京师范大学出版社，2022：81-83.

[2] 崔允漷，郭洪瑞. 试论我国学科课程标准在新课程时期的发展[J]. 全球教育展望，2021（9）：10.

"单位"质量标准,其学业质量标准直接按四个学段进行整体描述。

知识内容标准用以确保核心素养形成所必备的知识载体,教学活动标准用以确保知识转化为素养所必须经历的过程与程序,学业质量标准用以确保和检验学习必须达成的水平和成果。课程培育的核心素养作为一根红线,贯穿、统领三个标准,使三者成为一个有机的整体——课程标准!

第三章

确立核心素养教学目标，寻找教学的『灵魂』

教学目标是教学的方向、目的、纲领和统帅，是教学改革的起点和第一要素。教学目标不新，其他教学要素的新就失去了方向和依据。确立基于核心素养的新教学目标是实施新型教学的第一前提和基础。

第一节　教学目标的内涵和功能

教学目标的内涵是什么？教学目标的内在结构又是什么？教学目标对教学活动具有什么样的作用和功能？这些问题是我们确立教学目标并开展基于目标的教学的重要理论基础。

一、教学目标的内涵与分类

（一）教学目标的内涵

教学是一种有目的、有意识的教育活动，这种教育活动只有以明确的具体的目标作为导向，才能顺利有效地进行。否则，师生双方就像在黑暗中走路，只能摸索前进，"事倍功半"。制订明确具体的目标是实行目标教学，进而让每个学生主动达标的前提条件。

布卢姆指出，有效的教学始于准确地知道希望达到的目标是什么，教师所期望的学生的变化便是教学目标。那么目标又是什么呢？《学习、教学和评估的分类学——布卢姆教育目标分类学修订版》指出，"在教育目标中，目标明确了我们想要学生学习的结果"，"简单地说，当我们教学时，我们想要学生学有所得。我们想要学生习得的东西作为我们的教学结果，就是我们的目标"。[①] 总之，教学目标是教学活动所预期实现的学生行

[①] 安德森，克拉斯沃尔，艾雷辛，等.学习、教学和评估的分类学：布卢姆教育目标分类学修订版［M］.皮连生，主译.上海：华东师范大学出版社，2008：3.

为变化，这种行为变化以教学完成时学生应达到的学习水平为标志。可以说，教学目标是课程标准的具体化、教学内容的结构化、教学要求的层次化。制订明确具体的目标是实行有效教学进而让学生达到掌握学习的前提。按照格朗伦德的说法，作为学习结果之表述的教学目标，应当具有"行为目标""达成目标""可计测目标"的性质[1]。就是说，课堂教学目标要十分具体，在课堂教学结束以后可以检测，因此它的表述只能借助于动词，即使是情意领域的教学目标，也要用行为描述的方式呈现出来。但是，我们知道，课堂教学在学生发展上所产生的"效果"并不都是可检测的，"教学效果"的范畴要远远大于"教学目标"。正如布卢姆自己所说的，人们无法预料教学所产生的全部成果，没有预料不到的成果，教学也就不成其为一种艺术了[2]。我们在确定课堂教学目标的时候，只能关注到人的发展中可控的一面。试图把不可控的一面也纳入教学目标，是一种把教学等同于产品加工的机械主义做法[3]。

教学目标位于教育目标系统的最低层次，教育目标依其抽象性、概括性和包容性程度，分为教育目的、培养目标、课程总目标、课程学段目标、教学目标（又可以分为学期教学目标、单元教学目标、课时教学目标）。显然，从教育目的到教学目标是一个人素质培养的不断具体化的过程，它们的性质和方向是一致的。

（二）教学目标的分类

关于教学目标的分类，最有影响的理论是布卢姆的认知领域的教育目标分类学。布卢姆依据学生学习的认知行为表现把教学目标分为以下六个

---

[1] 钟启泉.现代课程论[M].上海：上海教育出版社，1989：279.
[2] 布卢姆，等.教育评价[M].邱渊，王钢，夏孝川，等译.上海：华东师范大学出版社，1987：23.
[3] 杨九俊.新课程三维目标：理解与落实[J].教育研究，2008（9）：40-46.

层次。[1]

（1）知识（knowledge），指对具体事物和普遍原理的回忆，对方法和过程的回忆，或者对一种模式、结构或框架的回忆。它又分为：①具体的知识；②处理具体事物的方式方法的知识；③学科领域中的普遍原理和抽象概念的知识。

（2）领会（comprehension），这是最低层次的理解，包括转化、解释、推断。

（3）运用（application），指在某些特定的和具体的情境里使用抽象概念。

（4）分析（analysis），指将交流分解成各种组成要素或组成部分，以便弄清各种观念的有关层次，或者弄清所表达的各种观念之间的关系，包括要素分析、关系分析、组织原理分析。

（5）综合（synthesis），指把各种要素和组成部分组合成一个整体，包括进行独特的交流、制订计划或操作步骤、推导出一组抽象关系。

（6）评价（evaluation），指为了特定目的对材料和方法的价值做出判断，包括依据内在证据来判断、依据外部准则来判断。

布卢姆目标分类学的贡献在于，不仅从操作上把认知目标分成知识与能力两个大类，而且根据学生的行为表现将能力分类。例如，如果学生能对学习过的知识进行解释或改用自己的话转述，那么表明学生的知识掌握达到了"领会"水平；如果学生能用实际例子说明已学过的概念和原理，那么表明学生的知识掌握达到了"运用"水平；如果对于学习过的某篇课文，学生能找出作者的论点、论据，并能说明文章中暗含的逻辑结构，那么表明学生的知识掌握达到了"分析"水平；如果学生能把分散习得的信息、观点以及文章的组织原理等综合起来，写出一篇有自己见解的文章，

---

[1] 克拉斯沃尔，布卢姆，等. 教育目标分类学：第二分册 情感领域 [M]. 施良方，张云高，译. 上海：华东师范大学出版社，1989：209-218.

那么表明学生的知识掌握达到了"综合"水平；如果学生能找出文章中内在的不一致性，如论点与论据相矛盾，那么表明学生的知识掌握达到了"评价"水平。

这六个层次之间的关系有三个显著的特点：层次性、累积性和独立性。层次性表现为后继行为比前面的行为复杂；累积性表现为后继行为包含了前面行为的全部内容；独立性表现为每一个后继行为都包含了前面行为所没有的新的成分，也即各层次之间虽是互相包含的关系，却彼此不重复。这些特性可用表 3-1 加以表示。

表 3-1 教学目标六层次的关系

范畴	智能
知识	a
领会	a+b
运用	a+b+c
分析	a+b+c+d
综合	a+b+c+d+e
评价	a+b+c+d+e+f

布卢姆的目标分类学也蕴含了学习具有层次性、累积性的思想以及学习分类的思想。之后，布卢姆的学生发展了其教育目标分类学，从知识维度和认知过程维度对教育目标做了进一步的分析。

拓展阅读：

修订后的认知目标分类框架[①]

1. 知识维度

学生需要学习的知识分成如下四种类型。

[①] 吴红耘.评布卢姆认知目标分类学：以其知识与能力观为中心 [J].苏州科技学院学报（社会科学版），2011（2）：87-88.有删改。

A. 事实性知识——学生通晓一门学科或解决问题所必须知道的基本要素，包括术语知识、具体细节和要素的知识等。

B. 概念性知识——能使各成分共同作用的较大结构中基本成分之间的关系，包括概念、原理、公式、结构、定理和模型等。

C. 程序性知识——研究方法和运算技能、算法、技术和方法的标准，包括具体学科的技能和算法、具体学科的技术和方法、决定何时运用适当程序的标准等。

D. 反省认知知识（亦称元认知知识）——一般认知知识与有关自己的认知的意识和知识，包括策略性知识、认知任务的知识、自我知识等。

2. 认知过程维度

认知过程被分成由低级到高级的六个水平。

记忆——从长时记忆中提取有关信息；

理解——从口头、文字和图画传播的教学信息中建构意义；

运用——在给定情境中执行或使用某种程序；

分析——把交流分解为它的组成部分并确定部分之间的联系以形成总体结构或达到目标；

评价——依据标准或规格做出判断；

创造——将要素加以组织以形成一致的或功能性的整体，将要素重新组成新的模式或结构。

将知识维度和认知过程维度相结合，便可以形成下面的二维矩阵表。

认知目标分类

知识维度	认知过程维度					
	1 记忆	2 理解	3 运用	4 分析	5 评价	6 创造
A 事实性知识						

续表

知识维度	认知过程维度					
	1 记忆	2 理解	3 运用	4 分析	5 评价	6 创造
B 概念性知识						
C 程序性知识						
D 元认知知识						

布卢姆开创了教学目标分类的先河，之后各式各样的分类法都是以此为借鉴和参照的。了解和把握布卢姆的分类法是理解与掌握教学目标分类的根基和前提。而了解和掌握目标分类是我们正确地研制与编写教学目标的前提基础。

二、教学目标的功能

（一）指向和规范功能

教学目标作为预期的学生行为变化，是教学活动的出发点和归宿，它对师生的教与学具有突出的指向和规范功能，使师生双方在教学过程中均有方向感，教学结束时均有达标感。具体来讲，教学目标作为课程标准的具体化、教材内容的提炼，能够帮助教师正确地领会课程标准精神和教材内容，从而切实落实"依标扣本"；教学目标通过逐个单元、逐个知识点排列出来，有助于教师客观地把握教学活动的进程和阶段，尤其是明确教学要求从低到高的层次序列，从而使教师在平时的教学过程中能够胸有成竹地引导学生从一个单元、一个知识点开始循序渐进、扎扎实实地打好基础，逐步提高。事实证明，这样的教学，质量更加稳定且逐步提高，使学生的落后面减小了，师生的自信心增强了。它对于纠正盲目依据升学考试教学而导致的离标丢本、乱赶进度、随意拔高要求等造成师生双方紧张又影响教学质量的不科学做法，有积极的作用。

（二）选择和制约功能

教学目标不但是教学的出发点和归宿，而且是教学的灵魂，它贯穿于教学的全过程，统帅、制约和影响教学的其他所有因素，尤其对教学内容和教学方法的选择具有指导和制约作用。正如于漪老师所说的："目标是课堂教学的主宰，用怎样的方法教，师生之间的活动怎样组织，怎样开展，均应紧紧围绕教学目标，为实现教学目标服务。"[1] 以往在教学过程中，由于目标模糊不清，教师总是企图给学生充塞更多的东西，常常滥用复习资料、参考资料，无限地扩充知识内容，大量拼凑练习题，搞"大运动量"，使教学内容越加越多、越加越难，如此似乎"万无一失"，其实反倒使学生陷入书山题海之中，负荷过重，食而不化，连基本知识都未学到手，教学收效甚微。而有了明确具体的教学目标，我们即可考虑哪些内容和习题与目标并无直接关系，凡是可要可不要的东西，一概不要，从而使教学内容紧紧围绕目标得到精选。如此，既可提高教学效果、效率，又可减轻学生负担。教学方法本身无所谓优劣，但它必须与教学目标相适应。由于没有看到目标对方法选择的制约作用，教师在平时的教学过程中，总是企图以教学方法的单一不变性（常常又是讲授法）来应对教学目标的层次多变性，这样即使用教学方法所展开的课堂活动再"有趣"、再"生动"，也难以达到预期的目标要求。现代教学理论告诉我们：根据不同的教学目标，选用不同的教学方法，是教学最优化的重要一步。

---

[1] 于漪. 语文课堂教学有效性浅探[J]. 课程·教材·教法，2009（6）：32.

（三）统帅和整合功能

教学是一个由学生、教师、教学内容和教学方法（含手段）四个基本因素构成的系统。其中，学生是学习的主体，是教学的对象；教师是施教的主体，是教学活动的设计者、组织者和领导者；教学内容是师生双方教与学活动的对象；教学方法（手段）是师生双方教与学活动的工具。四者构成教学系统菱形结构的四个顶点（见图3-1）。

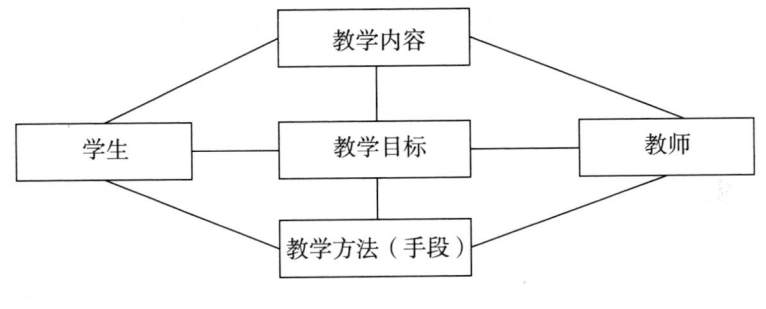

图 3-1 教学系统结构

学生、教师、教学内容和教学方法（手段）的有机结合构成了教学系统（结构）。它们的相互作用形成了教学过程。按照系统理论的观点，要使系统（结构）发挥出最大功能，使过程处于最优状态，除了要充分发挥每个因素的潜能外，更重要的是必须把每个因素的内在力量凝聚起来，这样才能达到 1+1+1+1 > 4 的效果。那么，如何把四个因素凝聚起来呢？我们找到了关键——教学目标！只要深入分析，便可看出：这四个因素及其所构成的关系（矛盾）都是基于教学目标要求与学生原有基础的差距（矛盾）。教学过程实际上就是教师按照教学目标的要求，指导并和学生共同操作教学内容和教学方法，使差距（矛盾）得以消除的过程。所以目标是教学的灵魂，它对四个因素及其关系起着统帅、支配、整合和协调的作用。没有目标，就不存在所谓的教学；目标含糊不清，教学就像一盘散沙，尽管各个因素都发挥出最大潜能，也难以使教学整体达到最优效果。而有了明确具体的目标，四个因素的有机结合就有了基点（凝聚点），尤其是师生间的相互合作和共同努力就有了统一的方向，从而产生新型的师生合作的教学。实践证明，这样高质量的教学能够促进师生积极情感的发展。

（四）激发动机和兴趣功能

教学目标是教学主体活动的直接原因。对于教学实践活动来说，教学目标是一种能动的积极的力量，是教学实践活动的动力。因为目标明确以后，就会产生实现目标的需要。而需要产生动机，动机激发学生的学习活动。通过学习活动，实现了目标，学生会感到成功的快乐。这种快乐的心情会增强学生的自信心和自尊心，激发学生产生新的学习动机，从而为实现更高的目标做出更大的努力。由此形成了目标教学中的良性循环：目标明确—激发动机—获得成功—感到快乐—强化动机—确立新的目标。实践证明，这样的学习活动有助于使学生对知识本身，对学习活动成功后的喜悦感、自豪感产生稳定的需要，形成稳定的学习兴趣。"发现学习"的倡导者布鲁纳，认为最好的学习动机莫过于学生对所学课题具有求知的需要、认识的兴趣以及获得知识的胜任感和欢乐感。他强调说，在这种动机激励下的学习，会给学生带来认识需求的满足，是"自我奖赏"的最有效方式以及保持永不衰竭的求知欲望的持久动因。

正是由于教学目标所具有的激发动机和兴趣效应，目标教学的性质发生了质的变化，学生变消极被动的学习为积极主动的学习。学生为实现目标而积极主动地学，具体表现为：学生自觉地对照目标要求进行定向预习，培养自学能力，提高课堂活动的能动性；围绕目标上课，提高上课的质量；根据目标要求进行练习，提高练习的自觉性和针对性；按照目标体系线索进行小结复习、归纳知识，从而系统掌握知识。总之，目标、兴趣、动机三者的统一及其相互作用所产生的效应，是促使学生积极主动地进行学习，从而取得较好的教学效果的重要保证。

拓展阅读：

有效语文教学从明确目标开始[①]

语文教学有"三难"，即目标难明、内容难定、效果难评。这三个难题，困扰了语文教育界几十年。几十年来，语文教育费时多收效少的状况一直没有得到有效改变。哪怕是课程改革后，仍有不少缺乏专业自觉的语文老师不清楚"为什么教""教什么""怎么教"等问题。老师不知为何而教，学生不知为何而学，这是语文教学中一个不容回避的现实问题。因此，实施有效语文教学，首先就要解决"目标难明"的问题。这个问题不解决，语文教学的盲目性和随意性就难以根治。

在语文教学实践中，教学目标或大而空，或多而杂，虚浮空泛，有名无实的现象比比皆是。

教学目标迷失，就会导致教学内容的随意。正如王尚文《走进语文教学之门》中指出的："对语言学有研究的教师，就容易把语文课上成语言课；爱好广泛的教师，就倾向于把语文课上成文化课；钟情于文学的教师，就可能把语文课上成文学课；注重思想品德教育的教师，语文课又上成思想品德教育课……甚至有的教师根本不知道上什么，以至于只能跟在权威、教参或别的教师后面亦步亦趋。教学中的盲目性、随意性成了不可克服的顽症，非语文、泛语文的倾向愈演愈烈。"有不少教师感叹："教了几十年语文，还不知语文该教什么。"教了几十年语文的老师如此，刚从事语文教学的老师中，不知道语文该教什么的就会更多。这基本是因为不明确语文教学目标。"教学目标定位，也就是通常所说的'教什么'，这是课堂教学效率的起点。也正是在这个起点上，许多教师表现得无所适从、无所作为。"看看课文，翻翻参考书，然后就根据自己的感觉定下教学内容，想教

[①] 何功兴.有效语文教学 从明确目标开始[J].语文建设，2010（6）：25-26，31.内容有删改。

点什么就教点什么，哪方面好讲就多讲点，哪方面拿手就多用点时间。迷失了目标，就像瞎子摸鱼，摸到哪里算哪里，摸到什么算什么。

教学目标迷失，也会导致教学过程和手段的严重形式化。课程改革以后，这种现象尤其突出。现在语文课堂很热闹，播放音乐、播放影像、播放精美课件、小组合作探究、学生上台表演等等，让人应接不暇。一位老师上《失街亭》，先是播放电视剧《三国演义》主题歌，再简单介绍背景、导入新课，然后让学生快速浏览课文，接着播放电视剧《三国演义》中"失街亭"的片段，最后得出结论。整节课热热闹闹，但学生没有真正进入文本，亲近文字。语文教学如果不明确教学目标，就很容易像上面这个例子，教学过程和教学手段都变成纯粹的形式。热热闹闹过后，学生却收获甚微。

第二节 核心素养教学目标的编写依据与思路

确立基于核心素养的教学目标，其本质是站在育人的高度，揭示学科的育人价值，即该学科知识内容及其教学活动对学生核心素养形成的贡献和意义。

一、编写依据

（一）课程标准

课程标准是确立教学目标的第一依据。

课程标准是基础教育的"宪法""总纲""准则",对中小学教育教学具有"方向性""指导性""规定性"功能。没有规矩不成方圆,课程标准就是规矩。这种规矩具体体现在"内容标准""活动标准"和"质量标准"三个方面,而这三个方面有机统一于课程目标。课程目标是"培养什么样的人"这一教育根本问题在课程领域的体现,或者说是教育目的在课程领域的具体化。课程内容是实现课程目标的载体,教学活动是实现课程目标的路径,学业质量则是课程目标的表现。课程标准的内核、龙头是课程目标,课程标准研制和修订的核心工作就是确立课程目标。本次新课程标准修订的核心就是确立基于核心素养的课程目标,完成从三维目标到核心素养的课程目标的迭代升级。

课程目标不仅仅是整个课程标准的基因和主线,也是教学目标的直接的上位的依据。教学目标就是课程目标的具体化,所以,课程标准、课程目标是确立教学目标的第一依据。对教师而言,最重要的就是要确立课程标准意识。课程标准意识实际上是育人立场,而不是教书立场。把学生培养成什么样的人或者让学生具备什么核心素养,是教学的首要问题。从教材走向课程标准是从学科走向人的具体体现,是以人为本的教育观的反映。教师要全面系统地阅读课程标准,深刻领会课程标准的精神和内涵,特别是要准确把握核心素养内涵的完整性和学段性,在头脑里建立起核心素养的清晰图像,让核心素养成为观察、分析和解读教材的一只"天眼"。正如有的老师所说的:"一拿起教科书,首先想到的是课程标准的要求!"

课程标准是第一依据、最高依据,这一依据的本质是什么?这一依据究竟要我们干什么?

具体而言,要吃透课程标准之中的以下内容和要素。

(1)核心素养的内涵、课程目标(或总目标、学段目标)的要求;

(2)学习主题和内容要求、学业要求和学业质量标准、教学提示和教学建议。

（二）教材

课程标准是教学的方向和标准，教材是教学的内容和载体。教材是课程标准的具体化，是教师教学、学生学习的对象，也是确立教学目标的重要依据。如果说课程标准是教学目标的方向性依据，教材则是教学目标的内容性依据。课标是上位的依据，教材是下位的依据。教学目标的确立既要上接课程标准又要下接教材，毕竟教学目标的实现离不开教材的支撑。如果说课程标准与教学目标的关系实际上就是课程目标与教学目标的关系，那么教材与教学目标的关系则是知识与目标（素养）的关系。知识是素养的载体，在教材既定的前提下，素养目标的确立必须根据知识内容的特性和基础。关键在于使反映知识内容的教材与基于核心素养的教学目标有机对接起来，教学目标一旦游离于教材的知识内容，就会虚化、空化。研读教材，最核心的就是分析和挖掘教材知识内容对核心素养形成的独特贡献，使基于核心素养的教学目标有依据、有支撑。为了准确地确立基于核心素养的教学目标，教材钻研和分析究竟要从哪些方面和维度入手？其中最重要的就是把教材内容放在全套教材、整册教材、单元教材和单篇教材这一体系之中进行考量和分析。具体而言，教师必须在施教之前认真研读整套教材，掌握整套教材的内容和体系，明白一篇课文在一个单元中的地位和作用、一个单元在一册课本中的地位和作用、一册课本在整套教材中的地位和作用。据此，设计出整套教材的教学目标体系。在这个目标体系中，每篇课文、每个单元、每册课本都有各自明确的目标定位。这样就使教学目标实现了序列化。教学目标的序列化有利于教学内容实现序列化。如此，则能克服教学中"只见树木不见森林"的通病，改变教学中"东一榔头西一棒子"的盲目与随意的状态，使教学有序进行。[1]

---

[1] 何功兴.有效语文教学 从明确目标开始［J］.语文建设，2010（6）：25-26，31.

就一个单元而言，要明确：

（1）本单元教材内容的性质和特点；

（2）本单元在整册教材中的地位和作用；

（3）本单元主题内容在全套教材中的布局和安排。

拓展阅读：

教材的意义[①]

第一，教材是最基本和最重要的课程资源。

教材依据课程标准编写，并经过严格审查，它是课程标准的直接而全面的体现。与其他课程资源相比，教材具有相当大的特殊性，它们在很大程度上反映着国家意志，代表国家对基础教育的基本要求，它为基础教育树立了一个基本的统一的标杆和尺度，是政策性很强的课程资源。据此，必须确立教材在教学中的基本地位，充分认识教材对学生的学习和教学质量的提高具有基础性和工具性的作用。尊重教材，用好教材，对切实减轻学生负担有积极的作用。

第二，用教材教的前提是教好教材。

从教学论的角度讲，"教教材"旨在把教材（课文）当成教学内容，把理解和掌握教材当成教学目标；"用教材教"旨在把教材（课文）当成生成教学内容的例子和凭借，延伸、超越、创新教材才是目的。教学的终极目的自然是超越和创新，但是它的起点和前提是正确理解和掌握教材本身，毕竟教材是课堂上学生学习的主要客体，课堂教学的核心任务就是清除教材与学生的矛盾，没有教材或不依赖教材，教学就会失去内涵，失去方向，质量也就没有了依据，没有了根基。特别是就具体的课堂教学活动而言，

[①] 余文森．核心素养导向的课堂教学[M]．上海：上海教育出版社，2017：142-143．有调整。

一定要以教材为本,做到不肢解教材、不脱离教材、不边缘化教材,忠实地、全面地教好教材的内容,把教材任务落实好,把教材问题解决好。教材就算是个例子,也要把它教好、教到点子上,对"例子"的补充、延伸、拓展和超越、批判、质疑都要基于"例子"。

(三)学生

为什么学生会成为教学目标确立的依据?教学目标的实质就是学生学习的方向和归宿、学生学习的结果和表现,不了解、研究学生,不清楚学生的基础和现状,不明白学生的学习习惯和能力,教学目标就会失去针对性和适切性。

"学生是学习的主体,是教学目标设计的出发点和归宿,是教学目标能否达成的关键。教学目标设计必须充分了解学生,分析学生的年龄特征、心理特征、思维特征,掌握学生已经具备的知识与技能基础和情感、态度、价值观,学习中的难点和困惑,等等。教学目标设计要以学生为本,从学生的学习需要出发,而不是从老师已有的知识出发,从老师的想当然出发。研究学生、分析学生,是为了增强教学目标的适应性和针对性。对学情分析得全面,对学生了解得深入,教学目标设计才能深浅适度、难易适中、多少适宜。"[①]

相对而言,<u>课程标准是方向性依据(学习的目的),教材是内容性依据(学习的对象),学情是针对性依据(学习的基础)</u>。具体而言,学生作为教学目标的依据主要表现在如下方面。

1.学生是教学目标达成的主体力量,是实现教学目标的执行人

学生是教学目标的达成者,教学目标的落实和实现主要依靠学生的力量和活动,教学目标是在教师引导下学生经过努力可以达到的目的地和"最近

[①] 何功兴.有效语文教学 从明确目标开始[J].语文建设,2010(6):26.

发展区"，实际上学习过程就是学生不断达成目标的过程。所以教学目标的制订和确立一定要做到心中有人，教学目标就是为学生学习和发展服务的，其宗旨就是更好地促进学生的有效和高质量学习。所以必须了解学生、研究学生，确保所确立的目标是在学生可达到的"最近发展区"内。

2. 学生原有的基础是确立教学目标的起点

任何有意义的学习都是新旧知识和经验相互联系、相互作用的过程，如果学生没有相应的知识基础和经验，那么真实的学习就无法发生。学生原有的基础是学习的起点，自然也是确立教学目标的起点。

美国教育家布卢姆曾强调指出，如果所有的学习者都具有必要的认知和情感方面的先决条件，如果教学的活动适合于学生的背景和特性，那么所有学生或大多数学生都应该能够掌握新的功课。学生之所以在学习功课上存在差异，主要是由于学生在成绩、动机和态度等方面具有不同的"履历"。为此在教学（包括一门学科的教学、一个单元的教学、一节课的教学）之前，必须把这些不同的"履历"诊断出来。它包括：（1）学生学习该课程内容所必须具备的基础知识和基本技能；（2）学生对该学科知识的兴趣，对自己、对学校的态度；（3）学生一般的认知能力和学习技能。对学生原有基础的精准的诊断，是确立科学的教学目标和教学方案的前提。

拓展阅读：

有效教学必须关注学生的认知起点[①]

学生的认知起点一般包括知识起点、经验起点和思维起点三方面，找准知识起点、关注经验起点、激活思维起点，才能准确把握学生的认知起点，提高学习的有效性。

---

① 林小平. 有效教学必须关注学生的认知起点[J]. 教学与管理，2010（23）：35-36. 内容有删改。

一、找准知识起点

找准知识起点，就是要及时唤醒与新知识相关联的旧知识，使新的学习内容与学习者认知结构中原有的知识系统建立实质性的联系，找准学生的"最近发展区"。

二、关注经验起点

学习过程是一个不断积累、沉淀的过程，学习的途径也是多种多样的，除课堂学习这一重要途径外，每个人都会不自觉地通过其他途径接收信息、积累知识。学生走进课堂，同样是带着他们各自的生活经验。因此，教师应关注学生的生活经验，用心去品读学生的经验起点；灵活处理教材，创造性地进行教学，使学习活动成为学生生活经验的总结和升华。

三、激活思维起点

思维是学生建立良好知识结构的纽带。激活学生的思维起点，让学生经历有序的思维活动过程，使学习的新知与原有认知结构中相关的知识相互联系、相互作用，从而获得意义的建构。

教学，是一门艺术，需要教师像艺术家一样精心设计、尽情投入。教师要善于运用教育学、心理学原理去分析、揣摩学习对象。只有正确把握学生学习的认知起点，才能引导学生进行有效的学习活动，才能使课堂真正彰显生命的活力。

蒋永贵教授认为，站在学生立场，教学目标应围绕核心素养来回答学什么、学到什么程度、怎样学、何谓学会、为何学五方面的问题。[①]

一是学什么，此乃知识体系之问。针对一个课题，研制其教学目标，首先应弄明白学生要学习几个知识点、分别是什么、它们之间有何关系等，这就是"学什么"的问题，它是发展学生核心素养的载体和基础。

---

① 蒋永贵.再探指向核心素养的学习目标研制[J].课程·教材·教法，2023（5）：48-55.

二是学到什么程度，此乃学业要求之问。研制教学目标应科学把握学生对每个知识点学到什么程度，也就是期望学生达到什么样的能力水平，如"知道""理解""应用"等，它可以作为依据来评价学生的学业情况。

三是怎样学，此乃素养发展之问。坚持素养导向，围绕核心素养研制教学目标，这是深化教学改革的基本要求，更是落实立德树人根本任务的关键所在。针对同一个知识要点，学生会经历不同的学习过程、采用不同的学习方法，这些决定着是否有核心素养发展、具体发展什么核心素养以及发展到何种程度。因此，对"怎样学"的科学决策，决定着教学目标指向的具体核心素养的发展。

四是何谓学会，此乃评价促学之问。先看一个较具代表性的教学目标——学生能够对电荷间的相互作用进行猜想。试想，如果学生对电荷间的相互作用胡猜乱想，是不是就达成了学习目标？显然，如果仅从对这个教学目标的描述来看，学生毫无疑问实现了目标。不过，因缺少评估学业表现的标准，根本没有办法判定学生是否达成应有的学习期望。为此，可将之完善为"学生能够根据生活经验、已有认知等，对电荷间的相互作用做出科学、合理的猜想与假设"，其中嵌入的"根据生活经验、已有认知等"和"科学、合理"等内容，与其说是评估学业表现的标准，还不如说是"提出猜想与假设"这一素养高质量发展的支架。因此，教学目标应回答"何谓学会"之问题，本质上旨在以评促学。

五是为何学，此乃育人价值之问。如果说教学目标是教学的灵魂，那么育人价值就是教学目标之魂。也就是说，结合一个课题的教学目标，不断地追问学生为什么要学习这个内容：难道是因为课程标准上有规定？它是中考重要的考点吗？课程标准又为什么规定要学这个内容？中考为什么将其作为重要的考点呢？等等。一直追问到学科育人直至立德树人这一源头。因此，相比于"怎样学"的素养发展之问，本问题则要求形而上地回答着重发展什么核心素养。

"学什么—学到什么程度—怎样学—何谓学会—为何学"构成了学科育人元问题，并形成了教学目标研制的有机内核，成为教学目标研制的定盘星。按照学生核心素养发展的载体和过程，以及整体与部分的辩证关系原理，学科育人五方面的元问题又可以划分为两个层次：第一层次主要针对"学什么"和"学到什么程度"，具体回应学哪些内容、各有什么要求等，实际上就是课题的内容标准，它们是学生发展核心素养的载体，同时又从整体上规定与引领核心素养发展的大方向；第二层次主要针对"怎样学""何谓学会"和"为何学"，它们实则回应内容标准如何实现的问题，其中蕴含着各内容标准实现的阶段以及一系列具体的核心素养。

二、编写思路

教学目标的确立和编写从何入手？思路主要包括如下方面。

（一）教学目标确定的思路

1. 演绎法——自上而下的思路（"学者思路"）

从本学科（课程）所要培育的核心素养的几个维度（方面或要素）出发，在准确解读和分析其内涵和外延的基础上，结合单元教材主题和内容不断将其细化和具体化（或不断探明和发现其在教材中的表现），然后聚焦关键点，确立教学目标。

如语文课程，从"文化自信、语言运用、思维能力、审美创造"几个维度（总目标和学段要求）来确立和编写教学目标。单元目标的确立和编写既要注重核心素养的整体性和完整性，又要突出本单元的针对性和特殊性，不同单元对核心素养的贡献各有侧重，切忌不要面面俱到和平铺直叙。

数学课程，要求从学生的符号意识、数感、量感、运算能力（核心素养在小学阶段的表现)等方面来确立和编写小学阶段"数与运算"主题(单元)的教学目标;从空间观念、几何直观、推理能力(核心素养在初中阶段的表现)等方面来确立和编写"图形的性质"主题(单元)的教学目标。不能基于传统的"双基"或三维目标来罗列和编写教学目标。

其优点是体现核心素养的清晰导向,防止核心素养的空化。

2. 归纳法——自下而上的思路("教师思路")

从现有教材单元知识内容的性质和特点出发,不断地追问和思考知识内容背后的学科本质和学习意义,从单元知识内容中提炼出本单元相对应的核心素养的成分、要素和表现,据此确立和编写单元教学目标。

以语文为例:每篇课文都或多或少、或明或暗地蕴含着特定的文化内容、语言技巧、思维要素和审美观点,从文本出发去发现、挖掘和凝炼教学目标,这就是归纳的路径。就美术教学而言,教材中各种各样的作品和内容,包括学生的作品和作业都是审美感知、艺术表现、创意实践、文化理解的体现和反映。最重要的是在教材中准确找到核心素养的停靠点、着落点、附着点,从而使核心素养的教学目标有切实的依据和基础。

(二)要找到核心素养与知识内容的衔接点

自上而下与自下而上两种思路"殊途同归",都是要找到核心素养与知识内容的有机衔接点,找不到或者对接不准,核心素养就会落空,就会虚化,知识内容就会失去方向和价值。

(1)注重抽象与具体的统一。

抽象与具体的统一指的是上位的核心素养与下位的知识内容的统一。自上而下是从抽象走向具体,让抽象进入具体,让具体"活""立"起来;自下而上是从具体走向抽象,从具体中升华出抽象,让抽象"实""见"起来。作为一对思维范畴,抽象与具体是对立的统一,我们要在认识中实现两者的相互联系和相互转化,努力达到两者的真正统一。

（2）注重理念与实践的统一。

新课标倡导素养导向、综合育人、学科实践等诸多新理念，这是我们的追求愿景和努力方向。但是理念如果没有实践的跟进和落实，就只能是"空中楼阁"。

教学目标一方面要体现和反映课标新理念，另一方面要有实现新理念的实实在在的具体措施和做法。要努力实现理想与现实、结果与过程的统一。

（三）教学目标的编写模型

各学科应依据本课程的核心素养、课程目标、学业质量，综合内容要求、学业要求、教学提示，以及教材和学情，制定单元教学目标，进而指引课时教学目标的撰写，其流程模型如图3-2所示。

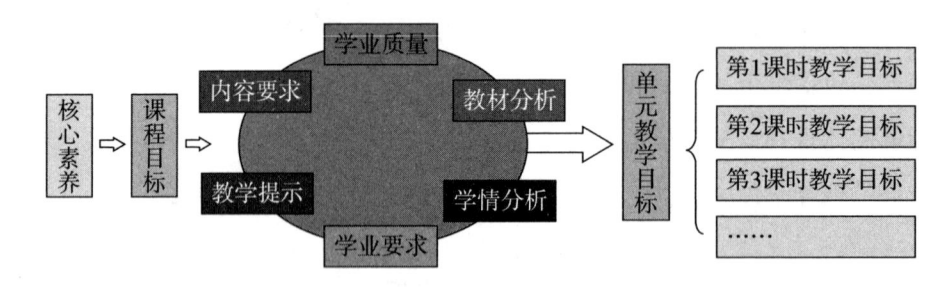

图 3-2　教学目标编写模型

案例分享：

"多边形的面积"大单元教学设计 [①]

一、单元分析

（一）课标分析

从"内容要求""学业要求""教学提示"三个方面进行课标摘抄。

---

① 设计者为山东省五莲县实验小学刘祥波。

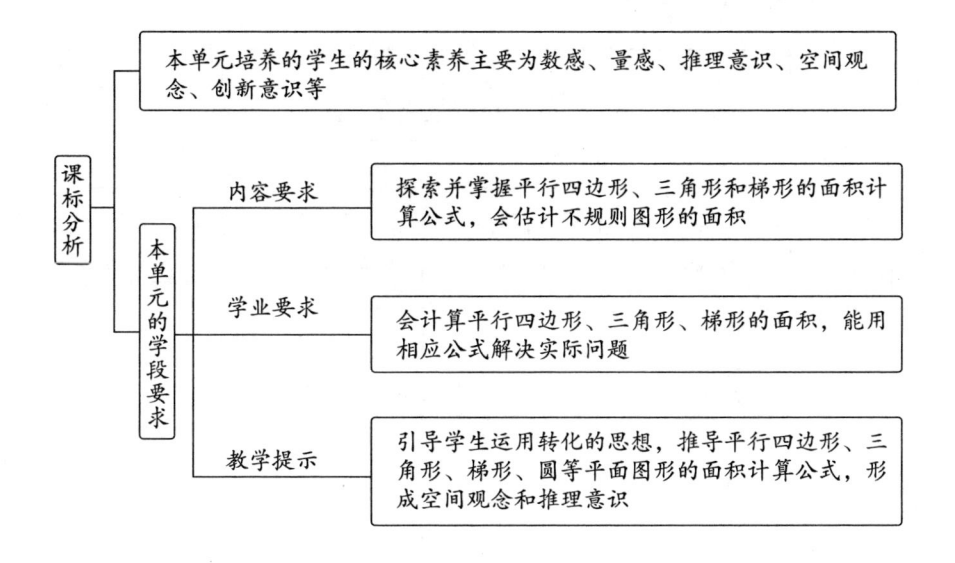

```
                    ┌─ 本单元培养的学生的核心素养主要为数感、量感、推理意识、空间观
                    │  念、创新意识等
                    │
         ┌─ 课标分析 ┤           ┌─ 内容要求 ── 探索并掌握平行四边形、三角形和梯形的面积计
                    │           │              算公式,会估计不规则图形的面积
                    │           │
                    └─ 本单元的 ─┼─ 学业要求 ── 会计算平行四边形、三角形、梯形的面积,能用
                       学段要求  │              相应公式解决实际问题
                                │
                                └─ 教学提示 ── 引导学生运用转化的思想,推导平行四边形、三
                                               角形、梯形、圆等平面图形的面积计算公式,形
                                               成空间观念和推理意识
```

（二）教材分析

纵向分析："多边形的面积"是人教版教材五年级上册第六单元的教学内容。根据教材的编排，本单元起到承上启下的作用，为进一步学习圆的面积和立体图形的表面积打下基础。

横向分析：从单元内容看，本单元将"多边形的面积"分为平行四边形的面积、三角形的面积、梯形的面积、组合图形的面积和解决问题（不规则图形的面积）五个部分进行教学。其中例1、例2、例3属于面积公式推导计算，是本单元教学的重点。例4、例5属于解决问题，目的是培养学生综合运用数学知识解决实际问题的意识和能力。本单元的学习，不仅将帮助学生深入理解面积概念的本质，还要让学生感受与体悟"转化"是数学学习和研究的一种重要方法，以促进学生知识的迁移和学习能力的提高。

教材分析内容见下图。

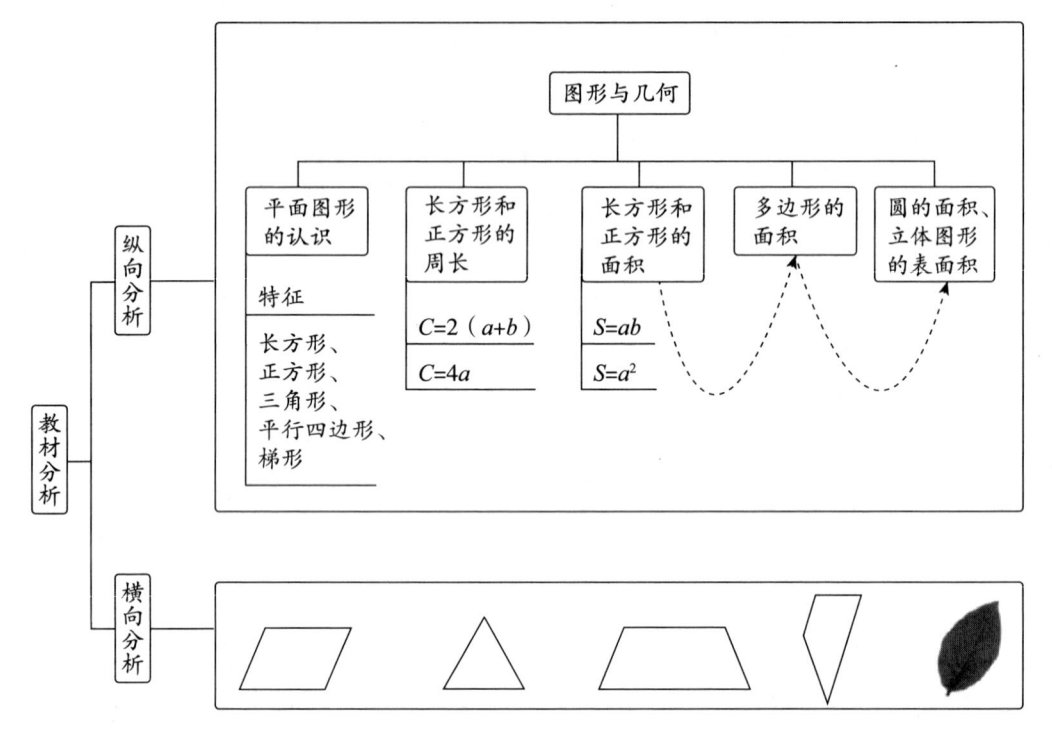

```
                    图形与几何
        ┌──────┬──────┬──────┬──────┐
      平面图形  长方形和  长方形和  多边形的  圆的面积、
      的认识   正方形的  正方形的   面积    立体图形
              周长     面积            的表面积
       特征
              C=2(a+b)  S=ab
      长方形、  C=4a     S=a²
      正方形、
      三角形、
      平行四边形、
      梯形
```

纵向分析

横向分析（平行四边形、三角形、梯形、不规则四边形、树叶等图形）

教材分析

（三）学情分析

学生在学习这个单元之前，对于"多边形的面积"单元的知识了解什么、疑惑什么、需要提升什么？教师怎样根据学生的单元学习实际进行取舍与设计教学？只有理解学生的认知起点、认知特点和认知难点（见下图），教师的"教"才能发生在学生真正需要的地方。

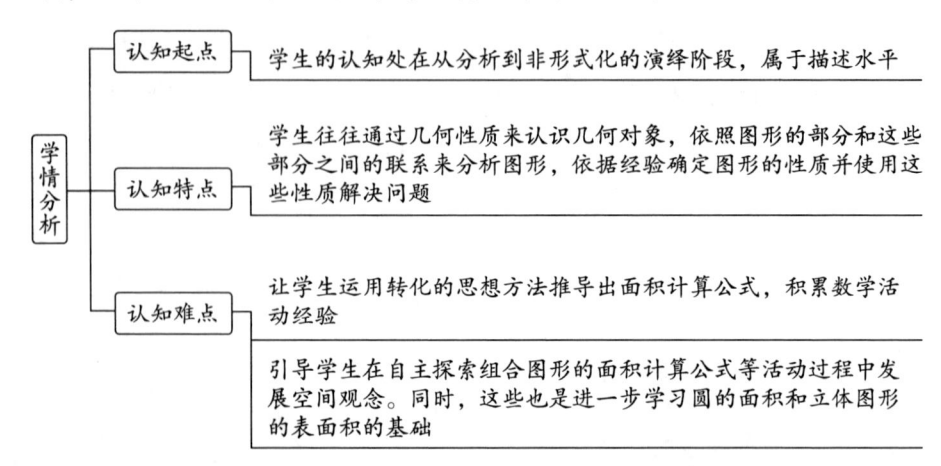

学情分析：

- **认知起点**：学生的认知处在从分析到非形式化的演绎阶段，属于描述水平

- **认知特点**：学生往往通过几何性质来认识几何对象，依照图形的部分和这些部分之间的联系来分析图形，依据经验确定图形的性质并使用这些性质解决问题

- **认知难点**：让学生运用转化的思想方法推导出面积计算公式，积累数学活动经验

引导学生在自主探索组合图形的面积计算公式等活动过程中发展空间观念。同时，这些也是进一步学习圆的面积和立体图形的表面积的基础

二、单元规划

（一）单元主题

多边形的面积。

（二）单元目标

依据课程标准，基于教学内容和学生学情，提出单元进阶目标（见下图）。目标的设计要做到可操作、可测评。

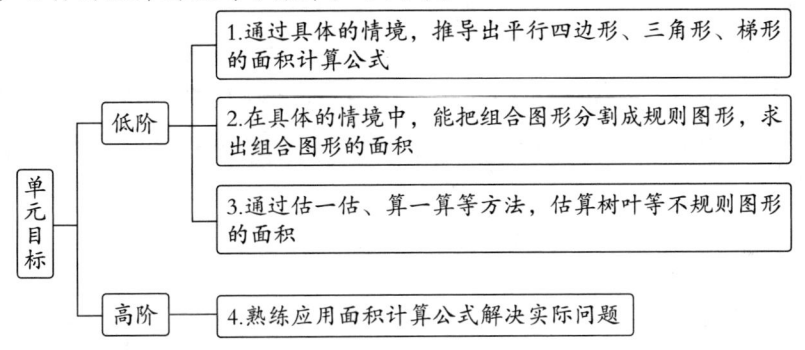

```
              ┌─ 低阶 ─┬─ 1.通过具体的情境，推导出平行四边形、三角形、梯形
              │        │   的面积计算公式
              │        │
单元目标 ─────┤        ├─ 2.在具体的情境中，能把组合图形分割成规则图形，求
              │        │   出组合图形的面积
              │        │
              │        └─ 3.通过估一估、算一算等方法，估算树叶等不规则图形
              │            的面积
              │
              └─ 高阶 ── 4.熟练应用面积计算公式解决实际问题
```

（三）单元评价

单元评价要依据单元学业质量标准进行。单元学业质量标准是对单元教学目标的细化、分解。其叙写方式为：（1）先确定本单元属于哪个学段；（2）根据单元目标摘选相关学业质量标准；（3）将学业质量标准与目标一一对应，进行细化分解，越高阶越细化；（4）模仿学业质量标准叙写方式，每句话前加"能"；（5）单元学业质量标准＝能＋做哪些事（分解）＋达到什么程度。

```
           ┌ 1.通过具体的情境，推导出平行四边形、三角形、梯形的面积计算公式
           │ 1.1能通过动手操作，把平行四边形剪拼成长方形，能准确说出原来的
           │     图形与剪拼成的图形各部分之间的关系
单元      │ 1.2能通过动手操作，把两个同样的三角形、梯形拼成一个平行四边
学        │     形，能准确说出原来的图形与剪拼成的图形各部分之间的关系
业  ──────┤ 1.3能推导出平行四边形、三角形、梯形的面积计算公式，会求平行
质        │     四边形、三角形、梯形的面积
量        │ 2.在具体的情境中，能把组合图形分割成规则图形，求出组合图形的
标        │     面积
准        │ 3.能通过估一估、算一算等方法，估算树叶等不规则图形的面积
           └ 4.能熟练应用面积计算公式解决实际问题
```

第三节　核心素养教学目标的表述与叙写要求

一、关于目标叙写的理论与要求

表述清晰、叙写准确的教学目标是实现目标教学和提高教学有效性的前提。那么如何做到表述清晰、叙写准确呢？有哪些基本的规定或要求？

（一）教学目标陈述的四个维度

在陈述教学目标的过程中，我们应从四个方面加以限定：（1）知识类型；（2）知识掌握水平；（3）智力操作方式；（4）智力活动水平。让我们举一个植物学的例子来说明。[①]

对"植物的生长"这一单元，一般的教学目标是"了解植物生长的条件"。教师还应提出更为具体的目标，即给出作业目标，使学生明白必须学会"做"什么，才能表明达到了这项目标。可以这样表述：

（1）正确地说出影响植物生长的四个要素。

这项作业目标表明，要求学生获得的知识类型是"事实"，知识掌握的水平是"正确"，智力操作方式是"记忆"，智力活动水平是"再现"。如果要求学生的知识掌握水平达到"熟练"，而不仅仅是"正确"的话，还可以对上面的作业目标稍加修正。

（2）连贯、迅速地说出影响植物生长的各个要素。

把（1）中的"四个"改成"各个"，消除了数量上的提示，并且进一

[①] 杨爱程，吴锦良.教学目标的分类、确定和陈述［J］.西北师大学报（社会科学版），1991（6）：79-87，78.内容有删改。

步提出了"连贯""迅速"这两项要求,从而对"熟练"程度做出了限定。如果不仅要求学生记忆事实,还打算让学生通过较复杂的智力活动来加深对事实和概念的理解,借此培养学生的思维能力,那就应提出更高水平的作业目标。

(3)解释为什么黑暗的地方不长青草。

这项作业要求学生获得的知识类型是"概念";智力操作方式除"记忆"外,还有"分析""推理";智力活动水平是"变式应用"。如果教师还试图通过作业培养学生的创造性,在提出作业目标时也可以考虑这方面的要求,可以提出更高水平的作业目标。

(4)设计一个在月球上培养植物的实验。

这样的作业要求学生动员不止一门学科的知识,并且要充分发挥想象力,创造性地综合应用现有的全部有关知识,使用包括教科书在内的多种资料和工具。对这样的作业就不应该过分限制完成时间和其他条件。质量标准上也可以有较大的差异。

在上述四个层次的目标中,如果全体学生都要达到的基本目标是(1)和(2),那么(3)和(4)则是能力较强的学生或对植物学有特别兴趣的学生力争达到的目标。

(二)教学目标陈述的四个要素

课堂教学目标应当包含 A、B、C、D 四个要素。A 即 audience,意指"学习者"。它是目标表述句中的主语。B 即 behavior,意为"行为"。它要表明学生学习之后能够做到什么,是目标表述句中的谓语和宾语。C 即 condition,意为"条件"。它要表明学生的行为是在什么条件下产生的,是目标表述句中的状语。D 即 degree,意为"程度",即要明确上述行为的标准。它是指教学目标中学生应当达到的最低表现水平,用来评价学生课堂学习的达成度。

例如："阅读《游褒禅山记》一文，学生能将文中陈述事实与发表议论的句子分类，至少有85%的句子分得正确。"一般说来，一节课的教学目标包括行为主体、行为动词、行为条件和表现程度四个要素。当然，在日常制订教学目标时，教师不妨灵活掌握，有时可以省略行为条件和表现程度（标准）。例如，"学生（行为主体）本节课（行为条件）会认会写（行为动词）五个生字（表现程度）"这一教学目标，为了简便易行，也可简化为"行为动词和表现程度"两个要素，即"学会（行为动词）五个生字（表现程度）"[①]。

表3-2列举了目标描述中的行为动词，借助这些行为动词，我们可以实现目标表述和叙写的清晰和准确。

表3-2 课程标准的目标描述[②]

学习水平	常用行为动词	举例	
		语文学科	数学学科
知识	1. 了解——说出、背诵、辨认、回忆、选出、举例、列举、复述、描述、识别、再认等	会写、读准、认识、学习、学会、把握、了解、写下、熟记	读、写、会用、认识、说出、识别、了解、辨认、描述
	2. 理解——解释、说明、阐明、比较、分类、归纳、概述、概括、判断、区别、提供、猜测、预测、估计、推断、检索、收集、整理等	理解、展示、扩展、使用、分析、区分、判断、获得、表现、扩大、拓展	知道、表示、会画、确定、找出、获得、读懂
	3. 应用——应用、使用、质疑、辩护、设计、解决、撰写、拟定、检验、计划、总结、推广、证明、评价等	评价、掌握、运用、懂得、联系上下文	分类、选择、比较、排列、理解、解释、判断、预测、推断、估计、设计、检验、运用、掌握、处理、推导、证明

[①] 吴伟昌. 新课程语文课堂教学目标设计的表述方法[J]. 上海教育科研，2009（8）：82-83.

[②] 教育部基础教育司. 走进新课程：与课程实施者对话[M]. 北京：北京师范大学出版社，2002：60-61.

续表

学习水平	常用行为动词	举例	
		语文学科	数学学科
技能	1. 模仿——模拟、重复、再现、例证、临摹、扩展、缩写等 2. 独立操作——完成、表现、制定、解决、拟定、安装、绘制、测量、尝试、试验等 3. 迁移——联系、转换、灵活运用、举一反三、触类旁通等	讲述、表达、阅读、复述、诵读、写出、倾听、观察、朗读、推想、揣摩、想象、转述、讲述、选择、扩写、续写、改写、发现、借助、捕捉、提取、收集、修改	口算、计算、测量、观察、操作、实验、调查、笔算
过程与方法	经历、感受、参加、参与、尝试、寻找、讨论、交流、合作、分享、参观、访问、考察、接触、体验等	感受、尝试、体会、参加、发表意见、提出问题、讨论、积累、体验、策划、交流、制定计划、收藏、分享、合作、探讨、沟通、组织	体验、感受、交流、解决问题、经历、发现、探索、感知、交换意见
情感态度与价值观	1. 反应——遵守、拒绝、认可、认同、承认、接受、同意、反对、愿意、欣赏、称赞、喜欢、讨厌、感兴趣、关心、关注、重视、采用、采纳、支持、尊重、爱护、珍惜、蔑视、怀疑、摒弃、抵制、克服、拥护、帮助等 2. 领悟——形成、养成、具有、热爱、树立、建立、坚持、保持、确立、追求等	喜欢、有……的愿望、体会、乐于、敢于、抵制、有兴趣、欣赏、感受、愿意、体味、尊重、理解（别人）、抵制、辨别（是非）、品味、关心 养成、领悟	体会、欣赏、感受 养成、树立

吴伟昌在《新课程语文课堂教学目标设计的表述方法》一文中，探讨了语文课堂教学目标的几种表述方法，指出可以采用行为性目标描述法、生成性目标描述法、表意性目标描述法来描述教学目标。行为性目标描述法是以具体的、可操作的行为形式陈述课堂教学目标，它指明教学过程结束后学生身上所发生的行为变化。这种目标描述法具有精确、具体、可操作的特点，适合知识、技能领域目标的表述，包含学习者、行为、条件和程度四个要素，如"使学生具体地写出……""学生能准确背诵……"等。生成性目标描述法侧重在教学情境中随着教学过程的展开而自然生成课堂教学目标，着重考虑学生学习兴趣的变化、学习能力的形成等，适合过程与方法领域目标的表述。表意性目标描述法侧重在具体的教育情境、教学活动和学习活动中的个性化表现，强调学习及其结果的个性化，重视学生的内心感受，适合情感态度与价值观领域目标的表述。对三种表述方法的合理运用是课堂教学目标表述的客观要求。①

二、基于核心素养的教学目标的写法要求（规范性的写法与灵活性的写法、通识性与学科性的统一）

核心素养导向的教学强调基于单元进行设计和实施，一个相对独立、完整的单元才能够相对清晰、完整地体现该课程所要培养的核心素养。单元教学目标是学生经过单元学习而获得的核心素养的具体表现。因此，单元教学目标的确立和叙写要相对完整地体现该课程所要培育的核心素养的内涵以及每个维度素养下的关键要素。

---

① 吴伟昌. 新课程语文课堂教学目标设计的表述方法［J］. 上海教育科研，2009（8）：82-83.

教师只有充分理解单元教学目标的定位，才能有效确立每一个课时的教学目标。

（一）内容要求

每一个教学目标都要体现核心素养的清晰导向，并使核心素养的要求和表现与单元教材内容有机对接，使基于单元主题的教学过程成为教学目标的达成过程，也即核心素养的形成过程和表现过程。新的义务教育数学课程标准在教学建议第一条就明确指出：制定指向核心素养的教学目标。教学目标的确定要充分考虑核心素养在教学中的达成。每一个特定的学习内容都具有培养相关核心素养的作用，要注重建立具体内容与核心素养主要表现的关联，在制订教学目标时将核心素养的主要表现体现在教学要求中。[1]核心素养、单元内容与教学活动三者相辅相成、有机统一是实现教学评三者一致的根本保障。

（二）形式要求

教学目标要以学生的习得性行为和表现性行为的形式进行编写，注重素养形成的主体性、过程性、形成性和条件性，突出强调学生在面对什么情境、经历什么活动或者遭遇什么问题、实施什么项目、完成什么任务之中学会什么、达到什么、能做什么，从而使作为教学目标的核心素养尽量可视、可见、可测。当然，核心素养的形成不是一蹴而就的，也就是说，不是所有的核心素养都能在课堂上有立竿见影的表现，这样的核心素养是我们持续追求的方向，笔者称之为方向性的素养，以区别于在课堂上可视、可见、可测的表现性素养。也就是说，课堂上我们要培育的核心素养，有

---

[1] 中华人民共和国教育部.义务教育数学课程标准（2022年版）[S].北京：北京师范大学出版社，2022：84.

的是实的，有的是虚的，虚的暂时不可测，但是要让人可感觉、可想象，能感觉、能想象到课堂教学在往这个所谓虚的（愿景）的核心素养方向努力。正如崔允漷教授所讲的，单元教学目标既要立足于"走得到的景点"，又要瞄准"看得到的风景"，还要仰望"想得到的美丽"！①

（三）数量建议

建议单元教学目标的数量在 3 至 5 条。单元教学目标是承上启下的中观层面的目标，要有一定程度的概括性和抽象性：上承学段目标（学期目标），下启课时目标。

单元教学目标与课时教学目标是共性与个性（一般与特殊）、抽象与具体（整体与部分）的关系，单元教学目标是课时教学目标的概括、统整和提炼，课时教学目标是单元教学目标的个性化、特殊化、具体化。

单元（主题）教学目标的定位是：具有统摄性、共性、总括性，对接课程核心素养（是课程核心素养的体现）；

课时（单篇）教学目标的定位是：具有具体性、个性、局部性，对接课程教材内容（是对教材内容的提炼、抽象）。

单元教学目标是方向性目标，重在把握课程核心素养的方向；课时教学目标是内容性目标，一定要结合具体的课程知识内容来写，其切口和角度要小，内容要实在具体。

新的义务教育数学课程标准在教学建议里要求：教学目标的设定要体现整体性和阶段性，"要依据核心素养的内涵和不同学段的主要表现，结合具体的教学内容，全面分析主题、单元和课时的特征，基于主题、单元整体设计教学目标，围绕单元目标细化具体课时的教学目标"②。

---

① 崔允漷. 义务教育新课程修订有哪些要点 [J]. 中国民族教育，2023（7-8）：11-14.
② 中华人民共和国教育部. 义务教育数学课程标准（2022 年版）[S]. 北京：北京师范大学出版社，2022：85.

基于核心素养的教学目标的具体表现形式是"内容标准 + 实现指标"，其中内容标准的叙写策略为"学业要求 + 内容要点"，如了解（学业要求）摩擦起电现象（内容要点）、探究（学业要求）电荷间的相互作用规律（内容要点）等。实现指标的叙写方式一般为"通过什么样的学习过程"（其要素包括：条件，即在什么情境中、按照什么样的标准等；行为与表现，即做什么和怎么做，这部分视实际情况有时也可省略）"能够实现什么样的预期"（预期结果及其评估标准）。例如，通过自主阅读教材内容、观看视频、在网络上搜集信息等（学习过程），能用自己的语言科学（评估标准）解释摩擦起电现象并概括其微观本质（预期结果）。[1]

蒋永贵教授通过研究指出"内容标准 + 实现指标"的目标写法有助于化解当前一线教师在制订目标时所存在的以下四个问题：一是碎片化。虽然每一个教学目标都很清晰具体，但难以让师生从整体上把握一个课题或一节课的教学内容。二是割裂化。对所要培养的学生的各方面核心素养进行简单罗列，没有按照课程标准所建议的那样形成一个有机体。三是模糊化。常用"了解""初步掌握""初步形成"等难以测量的认知行为动词。四是告知化。学习目标直接明确经历实践活动的结果，这样不仅扼杀了学生的学习兴趣，而且剥夺了学生发展核心素养的机会。[2]

综上所述，基于核心素养的教学目标的编写要体现以下几个特性或要求：一是方向性，即以核心素养为导向，所有目标都要指向核心素养的形成和发展，但是要避免将教学目标与核心素养的几个方面（维度）进行机械的一一对应，从而造成核心素养的割裂和教学目标的割裂，每个教学目标都要反映和体现核心素养的相对完整的内涵。二是主体性，即以学生为教学目标的承受主体和实现主体，所有目标都是通过学生并经学生的努

---

[1] 蒋永贵. 再探指向核心素养的学习目标研制 [J]. 课程·教材·教法, 2023 (5): 48-55.
[2] 同[1].

力而实现的，新课标特别强调要经过学生的学科实践活动来实现目标的落地。三是整体性，即若干个教学目标不是随机和任意拼凑的，而是一个有内在关联的整体。也就是说，各个教学目标是有机联系的，彼此之间是你中有我、我中有你的关系；各个教学目标之间还有逻辑递进的关系，体现目标之间的进阶性和发展性，从而形成一个统一和完整的目标。四是过程性，即教学目标的编写要体现目标的实现过程。教学目标的实现不可能一蹴而就、条件反射式地完成，核心素养的目标不可能直接"授受"，它的形成一定要经历一个相对完整的过程。因此，教学目标的叙写应说明经历什么过程、采用什么方式、解决什么问题、完成什么任务，从而达成教学目标、落实核心素养。五是明确性，即教学目标的表述应该是清晰的、具体的、可测量的、可操作的、可观察的，不能用含糊的、抽象的语句进行陈述。即便有些目标一时无法测试和度量，也要尽可能用可知可感的语句进行有画面感的描述。

案例分享：

"平行四边形"单元目标与"矩形的性质"课时教学目标[①]

一、"平行四边形"单元目标

（1）（学生）通过类比"三角形"单元得出"平行四边形"的研究对象、研究内容、研究方法，理解平行四边形、矩形、菱形、正方形的概念、性质、判定以及它们之间的关系，会应用其进行有关计算和证明。

（2）（学生）经历平行四边形的"概念—性质—判定—应用"的探究过程，理解平行四边形的概念是通过"属+种差"的方式确立的；理解平行四边形的性质是从组成图形的基本要素（边、角）或相关要素（对角线）之间的数量关系或位置关系、图形的整体对称性等方面来进行研究，通过

---

① 设计者为义务教育数学课程标准修订专家组成员张廷艳。

观察（测量、实验）—猜想—验证（举反例或推理证明）的研究方法确立的；理解平行四边形的判定是从性质所提供的特征出发，猜想判定的最少条件，通过举反例或推理证明猜想的真伪。

（3）（学生）通过类比平行四边形研究矩形、菱形、正方形等特殊平行四边形，巩固研究平行四边形的"概念、性质、判定"的思路方法，总结提升研究几何图形的能力。

（4）（学生）通过对平行四边形、矩形、菱形、正方形的探究，体会数学知识之间的内在联系，积累研究四边形和其他几何图形的概念、性质、判定的思路方法，经历用数学的眼光观察图形要素及其关系，用数学的思维思考图形的性质与判定，用数学的语言严谨地表达定理和推导的完整过程，获得严密的推理论证训练，促进几何直观、空间观念、推理能力等素养的发展。

二、"矩形的性质"课时教学目标

（1）类比平行四边形的定义，用"属+种差"的方式得到矩形的概念，理解矩形的概念及其与平行四边形的关系。

（2）类比平行四边形的性质，研究矩形的角的位置关系和对角线的数量关系，经历在具体情境中通过"观察—操作—猜想—证明"探究矩形性质的过程，为后续特殊平行四边形的学习积累经验。

（3）在现实情境中认识矩形，感受矩形的性质知识在生活中的广泛应用，体会数学的应用价值。通过对矩形性质的探究，体会数学知识之间的本质联系，感悟数学研究方法的一致性，逐步培养几何直观和推理能力等核心素养。

第四节　基于核心素养教学目标的教学要求

当核心素养进入教学目标、核心素养成为教学目标后，这样的教学目标与教学活动是什么样的关系？一方面，这样的目标对教学起什么作用？对教学活动提出了哪些新要求？另一方面，教学目标如何通过教学活动来实现？什么样的教学活动有助于实现基于核心素养的教学目标？

一、基于核心素养教学目标的教学观念

基于核心素养教学目标的教学，就是把核心素养作为教学目标，确立核心素养在教学中的核心地位和统帅地位，使教学的一切要素、资源、环节、流程、活动都围绕核心素养组织和展开，并最终指向核心素养的生成和发展。其核心要点包括以下方面。

第一，核心素养是教学的出发点。教学的首要问题是为什么而教的问题。为知识而教与为素养而教是新旧教育教学的根本分水岭。为素养而教意味着要根据核心素养的要求选择和组织学科知识，并根据核心素养形成的规律设计和开展教学活动。核心素养是教学的方向、教学的目的，是确立具体教学目标和设计教学实施方案的"根据""理由"，聚焦核心素养确立教学目标和任务，使教学有清晰的核心素养指向。方向错了就会南辕北辙，目标不明就会劳而无功。核心素养是纲，纲举目张，只有高举核心素养的旗帜，教学的所有要素和活动才能立起来活起来；核心素养是"元

气""元神",赋予教学灵魂和生命,使教学充满生气和灵动;核心素养是一根红线,贯穿教学全过程,使教学有序有效地展开。总之,核心素养是教学实施的GPS(全球定位系统),引导我们对教学进行全要素全过程全方位的检视。"课程发展的起点或终点是核心素养,核心素养把持知识与技能能否进入课程现场的'入口关',监控知识与技能的作用方向,确保其育人功能的实现即核心素养的养成。"[1]总之,整个课堂教学包括教学目标的确立和编写、教学内容的选择和组织、教学情境问题的设计和呈现、教学活动的展开和推进都要基于核心素养,服从服务于核心素养的形成。

第二,核心素养是教学的落脚点。核心素养不仅是教学的出发点,也是教学的落脚点。教学的成果最终要落在核心素养的形成和发展上,而不是"双基"或三维目标(三维知识)的落实上。教学不能仅仅满足于基础知识和基本技能的掌握,满足于过程与方法的落实,满足于情感态度与价值观的渗透,要借助和通过活动及其整合去落实核心素养的生成,核心素养才是检验教学效果的根本标准。当然,我们要辩证看待核心素养与知识技能的关系,核心素养的形成并不排斥知识技能的掌握,两者是相辅相成、相互依赖的关系。在教学中,"知识与技能发挥着核心素养培育的载体功能;而核心素养的养成又促进知识与技能的落实,在很大程度上特定的知识与技能的习得也代表着核心素养在某种程度或水平上的具体体现。可以说,核心素养与学科知识与技能既各自扮演不同角色,又形成互为手段-目的的复杂关系"[2]。值得强调的是,核心素养具有持续性、长期性、隐蔽性等特点,很多核心素养的形成常常不是一节课就能实现的,不能短视地看待和处理知识与素养的关系,要根据核心素养形成的方向和规律把握其落脚点。

第三,核心素养是教学的着力点。传统教学把教学的力量都用在知识

---

[1] 崔允漷,邵朝友.试论核心素养的课程意义[J].全球教育展望,2017(10):29.
[2] 同[1] 29-30.

点的掌握和解题技能的训练上，核心素养的形成是一个被边缘化的任务，最多只是被"顺带"或自然完成的额外任务，因此，传统教学在核心素养的培育以及学科育人价值的实现上往往没有作为甚至"劳而无功"。既然核心素养是教学的中心和目的，教学就必须在核心素养的形成上发力，要把宝贵的时间和精力投放在核心素养的培育上——能力只有在需要能力的活动中才能形成，品格也只有在需要品格的情境中才能养成，这个过程可能是曲折而费劲的，但却是绕不过去的，是核心素养形成的不二法门。一句话，教学从设计开始就要聚焦于核心素养的形成，找出核心素养形成的关键要素和核心环节，以此作为教学活动的要点和重点，切忌面面俱到、平均用力。

二、基于核心素养教学目标的教学行动

基于核心素养教学目标的教学行动包括目标的展示、目标的落实、目标的评价这三个关键活动。

目标的展示就是把目标明白无误地表现出来，交给学生。目标展示的过程就是把教师心中的目标转化为学生心中的目标的过程，从而让学生在学习过程中有目标意识和目标方向。目标教学的要旨就在以目标导教导学，以目标为师生双边活动的结合点和方向，并以此调控教学。

目标的落实，是教学的主体部分，一般说来，它由"对标教学"和"达标练习"两项基本教学活动所组成。对标教学就是对照教学目标的要求开展教学活动，教学目标是教学的方向盘和指挥棒。教学活动包括学生各种各样的学习活动以及教师对教学内容的选择组织和对教学问题的设计提炼，这些都必须针对目标的要求、体现目标的要求，也就是说都必须围绕目标展开，成为服从、服务于目标达成的自觉的行动。课堂教学的任何环

节、任何活动、任何要素都必须指向目标的实现。这就是对标教学的核心。达标练习是对标教学的自然延伸、拓展。这里的练习不仅仅指向技能的熟练，更指向学以致用和问题解决，只有在学以致用和问题解决之中学生学习任务的完成和目标的真正实现才能体现。

目标的评价包括过程评价和结果评价两个方面。所谓结果评价，就是一个单元或一节课教学结束后所实施的评价，其目的就是考察教学结果的达成度，也就是检查教学是否达成了教学目标的要求。这种评价使一节课或一个单元的教学形成了一个相对完整的闭合回路，它能最大限度地保障和检测教学目标的达成。过程评价重在考查学生参与各项具体学习活动的表现和完成学习任务的质量。过程评价重在"及时""即时"，它能有效防止学生学习行为的偏差、偏向、偏离，保障学生学习行为的正确性、深度性和创造性，从而确保学生的学习沿着教学目标的方向高效进行。

拓展阅读：

清清楚楚地教[1]

一是教什么要清清楚楚。教什么？这是有关教学目标和教学重点的问题。从表面上看，教学目标、教学重点，在教学参考书中已写得清清楚楚，难道还不明白吗？是的，只要走进课堂就可以发现，对教什么不清楚、不明白的现象，"没有航标乱行船"的做法并不少见。这固然有教学水平、教学设计的原因，但归根到底还是因为没有真正把握教材，没有真正弄清楚教学目标、教学重点，没有真正根据前因后果、来龙去脉去分析问题。

二是在什么起点上教要清清楚楚。教学目标和教学重点，不是孤立存在的，它与前面所学的内容有关联，也与后面将要学习的内容有联系。本课内容是一套教材、一册教材，乃至整个教学链条中的一个环节。因此，

---

[1] 江洪春.有效教学的"根"[J].今日教育，2010（11）：42-43.内容有删改。

分析把握教材，要真正弄清楚本课教学的目标、重点"来自何方、走向何处"，弄清楚"当前干什么"。

从学生的基础和起点来看，应弄明白学生相关的已知领域、相关的未知领域（前概念）和相关的难知领域。

三是教到什么程度要清清楚楚，即预设出现的教学效果，研究教学的发展、方向和生成。然而教学现状令人遗憾：教学如蜻蜓点水，水过地面湿，走过场，"走"教案，看不到教学令人满意的效果和学生的发展，教学目标没有真正落到实处，没有达到一定的高度。因此，在备课的时候，我们需要对达到的目标、效果进行一定的预想，并思考如果达不到预想的目标、效果怎么办，达到了怎么办，从而做到心中有数、张弛有度。

四是怎样教要清清楚楚。这是有关如何落实教学目标、达到教学效果的问题，是有关教学方法、手段和组织、引导的问题，更是有关让学生运用什么学习方法、经历怎样的学习过程的问题。在这里，需要从三个方面思考：一是教学程序的设计，二是教学方法的设计，三是教学策略的设计。

五是为什么这样教要清清楚楚。钻研教材，做教学设计，不仅要"知其然"，还应"知其所以然"。我们主张，在备课、做教学设计的时候，不仅要弄清教学重点、教学目标，还应进一步弄清这样教学的目的、意图。

六是教得怎样也要清清楚楚。即教学后要从教学理念的体现和教学实践的状况两个层面进行反思，或者从教师教得怎样和学生学得怎样两个角度进行反思。

目标的展示和落实[①]

多年的"当堂达标"教学实践表明，能否把教师确立的学习目标转化成现实，有效地避免"目标悬空"现象，取决于是否有合理、适宜、周密

[①] 刘彦卿.如何避免课堂教学中的"目标悬空"现象[J].当代教育科学，2009（8）：41-42.内容有删改。

的课堂教学环节。确保教学目标在课堂中顺利落实的教学环节，一般包括以下三个方面。

（一）展示目标，定向导学

明确的目标是学生学习的指南，是当堂达标教学的根本方向和灵魂。及时准确地展示教学目标，不但有助于调动学生课堂活动的积极性，而且也便于他们围绕学习目标有的放矢地学习。例如教学《我的叔叔于勒》，此文是人教版语文九年级上册小说模块中的课文，另三篇课文是鲁迅的《故乡》、曹文轩的《孤独之旅》、黄蓓佳的《心声》。编者把属于不同国度、不同时代、不同背景的四篇小说组成一个"模块"，意在让学生感受小说的情节、人物、故事、场景、描写等突出特征。在导入新课后，我展示了本课学习目标，即要求回答"自学导航"中的以下问题：（1）小说开头写了和"我"的家境不相称的一个行为是什么？（2）于勒叔叔的信给"我"家带来哪些不寻常的变化？（3）哲尔赛岛行途中发生了什么事？（4）"我们"回来时为什么改乘另一条船？这一课时学习目标的确定调动了学生学习的积极性，强化了学生达成学习目标的动机，并形成强大的学习内驱力。

教师展示学习目标的时机和方式是灵活多样的：可以"开门见山"示标、"设疑生欲"示标、"讨论归纳"示标、"演绎补充"示标等等。示标的方式应从实际出发，可以口授，可以板书，也可以用多媒体、投影仪、小黑板等展示。目的是既要让学生明确学习目标，又要使学习目标的展示与整个教学过程浑然一体、自然和谐。

（二）紧扣目标，具体落实

在教学过程中，教师要紧扣学习目标，采取灵活多样的教学方法，依据以学定教的策略，精心创设问题情境或活动情境，适时点拨，引导学生在知识形成的过程中逐步达成教学目标。例如，把握小说故事情节脉络是学习小说模块的目标之一。教学《我的叔叔于勒》时我这样紧扣目标具体落实：首先让学生认定目标，然后采用"分组合作、讨论探究"的方法，让学生重点把握"自学导航"（学习目标）中设计的问题，根据学案中的"自学提示"，展开小组讨论，然后全班交流各小组讨论的结果，教师对学生解决不了的疑难问题即时点拨，对教学过程适当进行"宏观调控"。在此过程中一定要注意根据课堂真实情境中生成的新目标，灵活调整教学方法。这样使学生不仅在兴趣盎然的活动中理清了小说的情节线索，达成了预设目标，也在教师精讲释疑的过程中达成了即时生成性目标，使学生产生通过自主学习完成学习任务的成就感，从而激发学生追求新的学习目标的强烈愿望。

教师要灵活运用各种有效的教学方法，而不能僵化地照搬某一种具体方法，并在各个环节中注意培养学生的能力和有机渗透道德情感教育。属于"感知"内容的，即要求对某一知识或情境达到"认识""了解"的，可运用"先学后教""自学指导"等方法教学；属于"理解"内容的，可运用"精讲精练""讲练结合"等方法教学；属于"掌握应用"的，可给学生设置具体问题或提供相应的"拓展延伸"等习题，以达到较高层次的学习目标。"条条道路通罗马"，"当堂达标"教学倡导的是教学方法多样化，因此，不能将"模式"变成僵化的"桎梏"，那是不利于"当堂达标"教学改革向纵深发展的。

（三）依据目标，及时评价

为了确保教学目标的达成率，教师必须重视对教学目标的及时反馈工作。每一堂课都应围绕教学目标设计评价环节，变原来师与生的单向信息交流为师与生、生与生、小组与小组的多向信息交流，从而及时反馈学情，以便教师有的放矢地进行辅导矫正，使绝大多数学生达到新课程标准的一般要求。例如教学《我的叔叔于勒》时，第三个环节我就设计了评价环节，即"畅所欲言"，让学生畅谈学习本课的感受。不少学生的发言涉及"金钱与人情的关系"，从而挖掘了教材的底蕴，突破了教学重点、难点，也使学生的思维能力、语言表达能力得到了锻炼。

在课堂教学中，评价的形式是多种多样的：“提问式”，主要通过启发提问，让学生质疑问难；"读议式"，让学生读书、议论，反馈学习信息；"书面检测式"，教师根据学习目标、教学重点和难点，课前编制达标检测题，让学生课堂上完成；"操作实践、游戏表演式"；等等。

总之，在课堂教学中教师要充分发挥自己的主导作用，并对整个课堂教学实行有效的调控，使课堂教学始终沿着有利于实现教学目标的方向发展，有效地避免"目标悬空"现象的发生。

第四章

从以教为主走向以学为主，建立学习中心课堂

教与学的关系和矛盾是任何教学改革都无法回避的问题。基于新课标的教学改革同样必须在这个问题上亮明自己的立场和态度。教与学自然是一对辩证统一体，彼此是你中有我、我中有你和相辅相成、相互促进的关系，就像买卖双方一样，双方统一才能构成教学。但是整个教学活动的实施究竟是以教的一方还是以学的一方为基点来展开？或者说育人方式建立的支点究竟是教还是学？这些是必须回答的问题。强调学、立足于学、基于学是新课标鲜明的立场和态度。

第一节　教与学的关系

教学就是教和学的组合（结合），是教和学的双边活动。教和学的关系问题是贯穿教学活动的基本问题，是教学论和教学改革的永恒主题。那么教与学究竟是怎样的关系？它们各自在教学中都发挥什么样的作用？

第一，从实然的角度讲（从客观存在的角度讲），教是客观性的存在，存在决定意识，有什么样的教就有什么样的学（有好的教才有好的学，有好教师才有好教育）。人是社会关系（特别是制度和文化）的产物，人在本质上是被决定的，学生具有很强的向师性。从教的水平、层次、内容说，教师教什么，学生相应就学什么。教师教知识，学生就学知识；教师教能力，学生就学能力；教师教思想，学生就学思想。从教的方式、方法、模式说，教师怎么教，学生就怎么学。有有个性的教，就会有有个性的学；教师启发式教，学生就主动式地学；教师注入式教，学生就被动式地学。

第二，从应然的角度讲，学是本源性（本体性）的存在，教是条件性的存在，无论是从个体成长还是从人类发展来说，学都先于教而存在，教是为学服务的。"教与学的关系处于这样的基本状态：教学的根本目的、出发点和归宿都要体现、落实于学的状态，教的必要性建基于学的必要性，教的现实性取决于学的可能性，教的准备依存于学的准备。整个教学的着眼点在于学的态势。"[①]这样，教与学的关系表现为：学处于规约的地位，它规定着教学的可能性质与进程，体现着教学的总体预想效果；而教则是两

---

① 张广君. 多维视野中的教学关系［J］. 教育研究，2003（6）：77.

者关系的次要方面，处于辅从地位，教的目的、任务、内容依存于学的目的、任务、内容，教的过程应符合、适应于学的过程的内在逻辑，教的任务是否完成要看教学目标是否达到，而后者则落实、体现在学的最终状态上。这是因为，首先人具有学习的天性和巨大的学习潜能、发展潜力，其次学生具有独立的倾向、要求以及很强的独立学习能力。当然，关键还在于学习是学生的自我活动（自我生成的过程），教师是无法替代的。教师不能代替学生读书，代替学生观察、分析、思考，代替学生明白任何一个道理和掌握任何一条规律。所以教学改革要正本清源，教与学的关系要恢复到教学的本义上，没有学习就没有教学，学习是教学活动的本位与原点，助学、促学、扬学是教学存在的使命与理由，教要在引导、促进、维持、强化、激励上下功夫，真正落实以学定教（学决定教的本性、价值和意义），实现少教多学、不教之教（之学）（教是为了不教）、教学相长。

从实然和应然相结合的角度讲，教学是由师生双方共同决定和完成的一项活动，教学的水平和质量取决于教与学双方的潜能、智力以及责任心、积极性的充分发挥，缺乏任何一方的努力和贡献，教学都不可能达到理想的境界和效果。从实然的角度讲，教学改革要致力于提高教师的素质和更新教师的观念。观念决定教师怎么教（即教的方向），素质决定教师教什么（即教的内容）。教学改革"成也教师，败也教师"。加拿大教育学者迈克尔·富兰（M. Fullan）指出："教育变革的成败取决于教师的所思所为，事实就是如此简单，也是如此复杂。"[1]教师素质是决定教学改革的最终力量，教师素质跟不上，一切教学改革都将流于形式，提高教学质量更是无从谈起。正如朱永新先生所言："一次次改革之所以最终走入形式主义的老路而成效甚微，根本原因在于教师专业素养的不足。"[2]反过来说，教学改革的使

---

[1] 富兰. 教育变革新意义：第3版[M]. 赵中建，陈霞，李敏，译. 北京：教育科学出版社，2005：121.
[2] 朱永新. 新教育：过一种幸福完整的教育生活[J]. 班主任之友，2008（1）：8.

命就是提高教师的素质。"许多教育家认为，学校教学质量的好坏在很大程度上取决于是否有一支高水平的教师队伍。著名教育家苏霍姆林斯基指出教师是学生的领路人，他认为高水平的教师是极富吸引力的。他曾举例说：假如学校里来了一位才华出众的生物老师，用不了多久，他的周围就会出现一群爱好生物课的学生。日本教育家东洋指出教育实践中也存在着另外一种现象：低水平的教师使得那些极富才华的学生变得愚笨起来。他说：'一个蕴藏着可贵才华的青年，只是由于他落到了某位半瓶子醋的老教书匠之手，于是丧失了英才的光芒，结果以无名小卒告终。'这就说明低水平的教师是不可能教出高水平的学生的。"①《纽约时报》在2012年曾经刊发过一篇文章，其中指出：'如果学生受教于水平在倒数1%的老师的班级，其负面影响相当于缺失全学年40%的课；但如果水平在前20%的老师的班级，其正面影响相当于比他人多学了一至两个月。'更为有趣的是，该文援引的一项研究表明，学生即使在由平均水平老师执教的班级，也比由倒数5%水平老师执教班级的学生在将来的职业生涯中平均每人多挣140万美元。我想，我们不用去追究究竟这140万美元是如何获得的，但教师对学生一生的影响如此之大，由此可见一斑。"②极端地说，素质好的教师是不需要讲究方法的，他们无论怎么教，效果似乎总是好的。但是，教学改革不能把宝都押在教师的素质上。更何况这样具有超高素质的教师总是极少数，他们的教学是特例：他们不布置作业，学生成绩也总能名列前茅；他们讲什么，学生都是充满期待的。总之，他们的教学不具有普适性，不是我们教学改革要倡导和推广的东西。

正因为如此，教学改革和研究更应该从应然的角度来展开，即从学的

---

① 郝保文. 教学质量概念及生成模式初探［J］. 内蒙古师大学报（哲学社会科学版），1995（4）：43.
② 蔡金法. 小学数学教师的专业素养：以如何上好一堂课的视角来探讨［J］. 小学教学（数学版），2014（7-8）：10.

角度来推进。毕竟学习是学生自己的事情，学习质量和水平最终是由学生客观的学习力量和主观的能动性决定的。从哲学的视角看，学生是内因，是变化的依据；教师是外因，是变化的条件。教学中普遍的现象和事实是，在同样的教育环境和师资条件下，学生学习依然存在很大的差异，而这种差异基本上是由学生的学习能力和学习态度造成的。这正是我们强调学的依据。但是，教学乃有教之学，强调学当然不是排斥和否定教，而是要"基于学、通过学、为了学"而教，简单地说，就是要把教变为学、化为学。教学、教学，就是教学生学，学才是目的、归宿。教学过程要成为教师点燃、开发、增强学生主观能动性和学习力量的过程，学生的主观能动性和学习力量源自学生的好奇心、求知欲和各种学习的潜能潜力。它们是"星星之火"，要通过教学活动使其"燎原"。只有学生形成越来越强大的主观能动性和学习力量，学习才能高质量发生，核心素养形成和发展才有根本依靠。要把学生的主观能动性和学习力量作为整个教学的立足点，也就是要把教学方式和人才培养模式建立在学生的主观能动性和学习力量上，这些才是根本的支点。

就当下的改革而言，强调学的一方，意味着以下内容。

第一，要把学习的权利和责任还给学生，激发学生的学习兴趣，培养学生的学习能力，引导学生学会自主学习和自我教育，这是当代学习范式重建的前提与基础，也是教学改革深化发展的支点与标志。实际上，联合国教科文组织早在1972年发表的被誉为当代教育思想发展里程碑的报告《学会生存——教育世界的今天和明天》中就明确指出："未来的学校必须把教育的对象变成自己教育自己的主体。受教育的人必须成为教育他自己的人；别人的教育必须成为这个人自己的教育。这种个人同他自己的关系的根本转变，是今后几十年内科学与技术革命中教育所面临的最困难的一个问题。""我们今天把重点放在教育与学习过程的'自学'原则上，而不是放在传统教育学的教学原则上。"①这是因为，最好的教育是自我教育，没有学生参与的教育，只是一种外在的灌输。任何成功的教育必定同时是儿童的一种自我教育，学校教育的终极使命是培养儿童的自我意识和自我教育能力。有效的教学一定是有效的学习，教为了学，学习是教学的出发点、归宿、核心，这是教学的"本义"和"真义"，是教学有效的真谛。为此，报告明确指出："学习过程现在正趋向于代替教学过程。"②总之，凸显学的地位和作用是当前世界教学改革的共同走向。

第二，要致力于建立让学生的潜能充分发挥出来的教学文化和教学方式。学生的发展潜能是巨大的，教学不是往学生头脑里填塞知识，而是去激发学生的学习潜能、创造潜能。我们要致力于建设一种新型的课堂文化，让学生的人格得到充分的尊重，让学生的安全得到充分的保障，让学生的潜能得到充分的开发，让学生的能力得到充分的发挥，让学生的思维得到充分的展开，让学生的自信得到充分的培养。正如高文教授所描述的："当今世界正面临着一场'学习的革命'，我们将彻底改革几个世纪以来人们已经习以为常的、旧的、传统的教育观念和教学与学习方式，创造出一种在真正意义上尊重人的主体性、激发人的创造性、相信并注意开发人的潜力、便于人与人交际与合作的崭新的教育观念和教学学习方式。"③

第三，要致力于构建以学为主线、以学为本的课堂教学体系和结构。教学设计和教学活动要以学生的学习为主线。学生文本阅读和个人解读的全过程，学生观察、操作的全过程，学生问题生成、提出、解决的全过程，学生由浅到深、由片面到全面、由表及里、由不知到知、由不会到会的认知特别是思维发展的全过程，应该成为贯穿课堂的主线和明线，教师的教

---

① 联合国教科文组织国际教育发展委员会. 学会生存：教育世界的今天和明天 [M]. 北京：教育科学出版社，1996：200-201.

② 同① 166.

③ 高文. 学会学习与学习策略 [J]. 外国教育资料，2000（1）：48.

学及其设计要以学生的学习及其活动作为线索。教学活动的实质性线路正是学生的学习发生与展开的线路。①钟启泉教授也强调指出,课堂教学是以学生的自主活动为中心展开的。教学目标的设定、教材教法的选择、班级的集体交互作用等,所有的构成要素都应当为形成学生的自主活动而加以统整,都必须服从于学生自主活动的组织。②以学为主的课堂在教学组织形式上,将学生个体学习(自学)、小组学习(互学)、全班学习(共学)等不同的教学组织形式结合使用,打破了传统教学以全班集体教学为唯一组织形式的格局。以学为主的课堂是学生真学习、会学习、乐学习的课堂,在这样的课堂中,学生的学习不仅是积极的、主动的、快乐的、有个性的、多样的、丰富的,而且是完整的、有结构的、系统的,它真正实现了哲学家海德格尔的"让学"的理念和教育家夸美纽斯的"使教员可以少教、学生可以多学"的目标。③

第二节 从以教为主走向以学为主

本次课程标准修订在前期研究过程中参照了世界许多国家特别是发达国家的课程改革和教学改革,发现各国几乎无一例外都强调学,强调以学习为中心,可以说从教走向学是一种世界性的改革和发展的方向和潮流。实际上,我国从强调三维目标的新课程开始,就一直在倡导自主学习、合

---

① 龙宝新. 基于核心知识收放策略的高效教学样态[J]. 教育发展研究, 2012(6): 58-62.
② 钟启泉. "课堂互动"研究: 意蕴与课题[J]. 教育研究, 2010(10): 73-80.
③ 成尚荣. 回到教学的基本问题上去[J]. 课程·教材·教法, 2015(1): 21-28.

作学习、探究学习。二十年来我国中小学课堂上的教学关系发生了很多实质性的变化，不少地区和学校还形成与创造了以学为主的教改样板和典型。但是，就整体而言，我们的教学关系还没有实现根本性的转变。正如田慧生先生所指出的："深化课堂教学改革是十多年来新课改一直强调的，但现在改革进入全面深化阶段以后，课堂教学改革的重点和核心在哪里？答案是教与学关系的根本性调整。从总体上来说，目前课堂教学还没有普遍地实现根本性的转变，我们所期待的那种新型的课堂还没有普遍地建立起来，根本问题就在于——还没有有效地调整好教与学的关系，课堂还没有从根本上实现由以教为主向以学为主的转变。"[1] 为什么一定要从教走向学？这是因为教学改革就其宗旨和目的而言，最终一定是指向学生的解放。甚至可以说，教学的进步程度和学生的解放程度是成正比的。只有当教学改革真正激发学生的潜能、释放学生的能量、弘扬学生的主体性、发挥学生的创造性时，教学改革才是正当和正义的改革！

一、从教走向学的切入点、突破点：从先教后学走向先学后教

（一）从先教后学走向先学后教是教学发展的一条规律

从教与学的关系来说，整个教学过程是一个"从教到学"的转化过程，也即从依赖到独立的过程。在这个过程中，教师的作用在于不断提升学生的独立学习能力。随着学生独立学习能力由弱到强、由小到大的增长和提高，教师的作用在量上也就发生了相反的变化，最后是学生基本甚至

---

[1] 田慧生. 落实立德树人根本任务 全面深化课程教学改革[J]. 课程·教材·教法，2015（1）：7.

完全独立。实现"教是为了不教",把教转化为学,是先学后教的关键。"先学后教"不仅反映了教与学关系的辩证法,而且体现了教学过程的发展规律。教学论告诉我们:当学生已经能够自己阅读教材和自己思考的时候,就要先让他们自己去阅读和思考,然后针对学生阅读和思考中发现、提出和存在的问题进行教学,这是教学的一条规律、规则,而不是一种可采用也可以不采用的方式、方法。按照这条规律进行教学,学生的独立性和独立学习能力就会很快地发展起来;否则,学生即使到了所谓"独立"的年龄阶段或学习阶段,其独立性和独立学习能力也是很弱的。独立性和独立学习能力是提高学生学习质量和课堂教学质量的根本法宝。依赖、被动的学习不仅是教学质量低下也是学生学习负担过重的根源。先学后教模式要求教师充分尊重学生的独立性,积极鼓励学生独立学习,创造各种机会让学生独立学习,从而让学生发挥自己的独立性,培养独立学习的能力。

从教学与发展的关系来说,先学立足于解决现有发展区的问题,后教旨在解决最近发展区的问题。苏联著名心理学家维果茨基就教学与发展问题创造性地提出了两种发展水平的思想。第一种水平是现有发展水平(也称现有发展区),由已经完成的发展秩序的结果形成,表现为儿童能够独立地完成智力任务;第二种水平是最近发展水平(也称最近发展区),表现为儿童还不能独立地完成任务,但在成人帮助下、在集体活动中通过模仿能够完成这些任务。儿童今天在合作中会做的事情,明天就会独立地做出来。教学与其说是依靠已经成熟的机能,不如说是依靠那些正在成熟的机能。维果茨基据此强调指出,只有当教学走在发展前面的时候,才是好的教学。"教育学不应当以儿童发展的昨天,而应当以儿童发展的明天作为方向。"[1]

---

[1] 赞科夫. 教学与发展 [M]. 杜殿坤, 张世臣, 俞翔辉, 等译. 北京:人民教育出版社, 1985:14.

实际上，只有建立在学生独立学习基础上的课堂教学，才有可能走在发展的前面，并推动发展，从而不断地创造最近发展区，并把最近发展区转化为新的现有发展区。这是有效教学、优质教学的心理学机制。

（二）先学后教的基本内涵和实施环节

先学后教之"先学"具有以下特性。

一是超前性。先学即学生的学习在前、教师的教学在后。超前性使教与学的关系发生了根本性的变化，即变"学跟着教走"为"教为学服务"。

二是独立性。先学强调的是学生要摆脱对教师的依赖，独立开展阅读、思考乃至作业活动，自行解决能够解决的问题。教师教学是对学生独立学习的深化、拓展和提升。

三是差异性。从时间上讲，先学要求每个学生按自己的进度和方式进行超前学习；从效果上讲，每个学生由于基础和能力不一样，对同样的内容，先学的质量和理解的深浅也不一样，这种差异是课堂开展合作学习的宝贵资源。

先学后教之"后教"具有以下特性。

一是针对性。后教区别于传统课堂教学的第一个显著特征就是针对性，即必须根据学生先学中提出和存在的问题进行教学。针对性是有效教学的法宝，只有具有针对性的教学才能实现由教向学的转化，最终达到教师少教、学生多学，实现并完成"教是为了不教"。

二是参与性。先学为学生的参与提供了基础，学生带着自己的问题、困惑、思考、想法、见解和意见进入课堂，课堂真正成了学生求知和展示、互动和评论的舞台。在这样的舞台上，学生不仅参与学也参与教，师生真正成了互教互学的学习共同体，这是使课堂具有内在动力和充满生命活力的根本机制。

三是发展性。先学后教的课堂具有使每个学生都得到发展的功能。其一，先学解决现有发展区的问题，后教解决最近发展区的问题，先学后教使教学走在发展的前面，并因此引导和推动发展，从而不断地创造最近发展区，并把最近发展区转化为新的现有发展区。其二，先学后教的课堂为教师关注每个学生提供了空间和时间、机会和平台，从而保证每个学生都在课堂上学有所得。

在教学实践上，先学后教的课堂一般包括以下三个环节。

第一，先学环节。

在所有的教学环节中，最具本质意义的就是学生先学（自读）教材（课文），这个环节是任何成功（有效）的课堂都不可缺少的。离开了学生对教材的先学（自读），任何讲解、提问和讨论都失去了针对性，从而缺乏实质性的意义。教师应尽可能将先学放在课堂内并给予时间保证，让学生充分地、独立地先学，并完成必要的练习。先学可以在教师"教"之下进行，也可以按"导读提纲"的要求进行，还可以完全独立地进行。

第二，后教环节。

让学生在先学的基础上提出学习中存在或发现的问题和困惑，然后在这个基础上进行交流展示（深化和拓展）。一般可分同桌、小组（4—6人）和全班三种形式（或根据需要选择其中一至二种形式）进行交流展示，教师一定要让学生明确交流展示的内容和任务，保证让所有学生在交流展示中都学有所得。在全班交流中要特别关注交流不同点和创新点。这个环节也是教师进行针对性教学和提高性教学的过程。

第三，练习环节。

学生在课堂上的学习既包括学也包括习。课堂练习一方面能使学生将刚刚理解的知识加以应用，在应用中加深对新知识的理解；另一方面能及时暴露学生对新知识的理解和应用的不足。总之，练习和反馈是有效课堂教学的重要环节，是提高课堂教学质量的重要保证。作业特别是基本的重要的作业应在课堂上完成，在教师眼皮底下完成，教师应当场反馈订正。

每次课堂作业就像考试一样，这是提高课堂教学效益、减轻课业负担的"灵丹妙药"。

二、从教走向学的表现点、创新点

（一）就教师、教材、学生的关系而言，变"教师带着教材走向学生"为"学生带着教材走向教师"

教师、教材、学生是课堂教学的三大基本要素，提高教学质量，这三个要素缺一不可。但是在这三个要素确定的情况下，怎么处理三者的关系就成了影响教学质量的关键。不同的教学观体现了对教师、学生、教材三个要素及其关系的不同理解。传统教学过分强调教师的主导作用，把三者关系定位为：教师带着教材走向学生。"先学后教"模式凸显学生的主体作用，把三者关系定位为：学生带着教材走向教师。

教材（知识、教学要求、教学目标）与学生的矛盾是课堂教学的主要矛盾。课堂教学是围绕着这一对矛盾而展开的。其他矛盾（教师与学生的矛盾、学生之间的矛盾等）都是从属于并为解决这对主要矛盾而存在和发展的。在教材与学生这对主要矛盾中，教材是矛盾的主要方面（方向、目标），学生是解决矛盾的主体力量。解决学生和教材之间的矛盾，主要靠学生自身主动性、积极性的发挥，而不能由别人代替。这就要求学生必须学会使用教材，而不是被动地接受教师传授教材中的知识内容。教师作为教学主要矛盾之外的"第三者"，是解决主要矛盾的主导力量。教师就像谈判的第三方，其作用是促成谈判而不能直接谈判或替代他人谈判，谈判一定是双方直接的对话行为。所以，学生与教材的对话（学生阅读、解读教材）是教学的根本（实质、基础）。传统教学理论把教学过程更多地解释和定位为教师对教科书（知识）的讲解与传递过程，在这种教学观看来，教学是教师掌握教材然后把教材的内容传授给学生的过程。教师就像知识的搬运工，其作用就是将知识从教材搬到学生那里，把教材规定的内容讲授给学生。学生就像接受知识的容器，其任务是接受教师传递的知识并将之内化。这种教学观将教学的重心放在"教"上，放在教师对教材的讲授上。先学后教模式则把教学过程更多地看成和定位为学生的学习过程（对教科书文本和知识的解读、建构过程），学生基于自己的独立学习，带着对教材内容的思考、疑惑和见解走向教师，使教学成为师生间真正的对话和互动。

这一变革非常类似于四十多年前的家庭联产承包责任制。同样的政府（生产队集体）、农民、土地，因为彼此的关系变了，粮食产量极大提高。这个关系改变的核心、要点就是政府（生产队集体）把土地的经营权和使用权（当然也包括责任）交给了农民，农民解放了，生产的积极性、主动性、创造性、灵活性被充分地激发出来，产量不提高都不行。一样的道理，在先学后教模式中，教师把教材的学习权、解读权（当然也包括责任）交给了学生，把教学建立在学生对教材的学习和解读的基础上，从而使教师、学生、教材三个要素的关系产生了根本性的转变，教学质量也因此得到大幅度提高。

（二）就教与学、教法与学法的关系而言，变"先教后学、以教定学、多教少学"为"先学后教、以学定教、少教多学"

以学定教（以学立教）是先学后教的必然逻辑：既然学生学习在先，教就只能从这一前提和基础出发。以学定教，定出了教的本质属性：针对性和提高性。教师的教只能根据学生在先学过程中的疑难和存在的问题来进行，这就是教学的针对性。当然，学生先学的结果有可能是知其然而不知其所以然，所以，即使学生都"读懂"了，教师也要进行提高性教学，让学生知其所以然，让学生掌握教材背后的思想方法和智慧内涵，从而使教学有深度、有高度。实际上，这也是一种针对性，即隐性的针对性。值得强调的是在针对问题进行教学时，教师也不能包办代替，而是要继续发挥学生的学习能力。凡是学生自己能够解决的问题，要继续让他们自己独立解决；凡是学生不能独立解决的问题，则启发、引导、组织全班学生共同解决。这是更深层次的针对性，即不仅针对学生的问题和能力，也针对学生的潜力。总之，以学定教，定了教的内容，也定了教的方式。与针对性相对立的是全面性（系统性），这是以教定学的特点，但全面系统的教使学生丧失了学习的独立性、独立品格，教师越教，学生越不会学。

先学后教、以学定教使学生的独立学习能力不断得到表现、强化、培养。随着学生学习能力越来越强，教师越教越少、越教越精，而学生越学越多、越学越会学，从而实现少教多学。少教多学表现在以下三个方面。第一，在时间上，教师要把学习的时间还给学生。先学后教模式对教师教（讲）的时间往往有严格的控制，目的就是把时间还给学生，让学生自己支配，保证学生有充分的时间独立自主地学习。第二，在内容上，教师要把阅读和思考的权利还给学生，让学生主要通过自己的学习来理解和掌握教材内容。教师要遵循"三不教"原则，即凡是学生通过自己看书能弄懂的，不教；凡是学生通过看书仍然搞不懂但自己想想能够弄懂的，不教；凡是个体学生想想仍然搞不懂但经过学生之间讨论能弄懂的，不教。通过"三不教"，实现教学内容主要由学生自己掌握、教学问题主要由学生自己解决、教学目标主要由学生自己达成。第三，在性质上，教师的教要在"启发"上下功夫。教师要通过引导、激励、鼓舞、点拨，将学生引向主动学习、深度学习、创新学习的境界。主动学习是就学习的状态而言的，它表现为学生在学习过程中有情感投入，有内在动力支持，并从学习中获得积极的情感体验。就像苏霍姆林斯基所说："学生在学习和思考的同时，还感到兴奋和激动，对发现的真理不仅诧异，有时甚至惊讶，意识到和感觉到自己的智力，体会到创造的愉快，为人的智慧和意志的伟大而自豪。"[①]深度学习是就学习的内容而言的，它表现为学生的学习不是仅仅停留在有关知识的现成结论上，而是深入知识的形成过程中；不是仅仅理解掌握知识的内涵，而且掌握、领会知识所蕴含的思想和智慧。深度学习本质上是一种智慧学习。创新学习是就学习的主体而言的，它表现为学生在学习过程中不唯书、不唯师，不满足于现成的答案和说明，敢于和善于质疑、批判、超越书本与教师。创新学习是学生主体性和个性得到张扬和培养的过程。而先教后学、以教定学的必然结果是多教少学，教师教得多，学生学得少。学生学得少，是因为，其一学生没有时间自己学，其二学生不会独立学。教师以教代学，学生不是自己学会，而是被教师教会。教会不是真正会，从心理学角度讲，教会容易使学生产生"假知"，即不是真正理解和消化知识。

（三）就学与学、学生与学生的关系而言，变个体学习为合作学习

合作学习是针对班级授课制背景下学生学习的组织形式而言的，相对应的是个体学习，它主要有小组合作学习（对学、组学）和全班合作学习（群学）两种形式。在传统教学中，学生与学生之间的相互作用通常被认为是无关紧要的或消极的，所以学生与学生、学与学之间的关系是封闭的，彼此缺乏交往和互动。另外，由于应试教育的负面影响，传统教学又不恰当地强化学生之间的学习竞争，使学习活动充满排他性，学生之间缺乏合作和互助。合作学习认为，<u>生生互动是教学系统中尚未开发的宝贵的资源，是教学活动取得成功的不可缺少的重要因素。在课堂上，学生之间的关系对学生的学习成绩、社会化和发展的影响比其他任何因素都更强有力。</u>大

[①] 苏霍姆林斯基.给教师的一百条建议[M].周蕖,王义高,刘启娴,等译.天津：天津人民出版社，1981：68.

量的教育实践都证明，为了实现共同的目标而相互合作的学习方式，相比于个体独自学习的方式，能取得更高的成绩和更好的效果。先学后教模式成功的一个重要原因就在于它充分利用了合作学习的教学组织策略。通过先学，每个学生对教材知识有了一定的认识和理解，彼此的交流和互动就有了基础和前提；通过先学，具有不同基础的学生之间的差异和分化进一步"扩大"，彼此的互帮互助就有了必要和可能。

先学后教模式使合作学习的功能得到了更充分的发挥。一方面，交流和互助促使知识增殖，活跃了学生思维，学生通过交流和互动分享彼此的理解、知识、体验和观点，从而深化了对教学的认识，丰富了学习内容，学习过程因此成为课程内容持续生成与转化、课程意义不断建构与提升的过程。"知识在对话中生成，在交流中重组，在共享中倍增。"不仅如此，学习中的交流和互助还有助于激发学生灵感，不同观点和思路的碰撞、交锋，最容易产生新颖的观点、奇特的思路，从而增强学生思维的灵活性和广阔性。另一方面，互帮互助（互学互教）有助于解决班级授课制中集体教学与因材施教、一个教师与众多学生的矛盾。在合作学习中，学生在学习中遇到的许多具体问题和困难都因在组内得到其他同学的帮助而被解决，这些能够帮助其他同学的优秀学生，发挥了任课教师所不能发挥的作用，使学生不同的学习需求能够得到及时和富有针对性的满足，一定程度上解决了大班课堂上一个教师无法满足每一个学生的特殊需要的问题，缓和了教学中的"一和多"的矛盾。成绩较差的学生因成绩优秀的同学的帮扶而得以提高；成绩优秀的学生因为帮扶成绩较差的同学而使自己理解知识的水平进一步提升。实践证明，学生相互教学有四个优势。其一，学生成为学习活动的主动参与者。学生相互教学使每一个学生都深入学习过程，激发了学生的学习愿望。其二，教学的针对性强。学生针对不会的问题发问，学生针对提出的问题进行解答，是一对一的个别化教学，教与学的效率都很高。其三，学生的思维被激活。在课堂上学生的地位是平等的，这样会形成争论氛围，在辩论中学生的思维被激活，对问题的理解更深入。其四，能够减少学业水平上的分化。在学生相互教学中"潜能生"的问题及时得到解决，从而不会出现知识链上的漏洞影响他们下一阶段学习的现象。这种学习方式有利于大面积提高学业成绩。实际上，合作学习还具有更丰富的心理学意义和教育意义。它对培养学生的归属感、感恩心以及发展学生的团队精神和利他性品质具有不可替代的作用。实践证明，只有基于交往和互助的学习，才能成为学生一种高尚的道德生活和积极的人生体验，这样学科知识增长的过程同时也就成为人格的健全和发展过程。伴随着学科知识的获得，学生变得越来越有爱心，越来越有同情心，越来越有责任感和归属感，越来越有教养。在先学后教的课堂上，学生不仅参与学，也参与教，生生互教互学，出现教师式学生、学生式教师，教师和学生的身份、角色不再泾渭分明。这是先学后教课堂模式的一个亮点，也是提高课堂教学质量的一个秘密武器。

第三节　学习中心课堂的内涵和意义

从以教为主走向以学为主的落脚点就是学习中心课堂的构建。学习中心课堂有两层核心意思：一是学生有力量，二是课堂有学习。学生有力量指的是学生有学习的潜力、能力、实力，这是学习中心课堂的"定海神针"；课堂有学习指的是课堂以学生学习为主形态、主线路，这是学习中心课堂的表现形式。

一、学生有力量，意味着要基于学生的独立性和学习力量，建立相信、依靠学生独立学习能力的教学方式

（一）要相信学生的独立性和学习力量

从人性的角度来说，人既是主体性与客体性的统一，又是能动性与受动性的统一，还是独立性与依赖性的统一。每一个人的内心深处都存在这两种对立的特性、这两股对抗的力量，问题的关键是我们到底给哪种特性、哪股力量不断注入新的能量，创造适宜其生存和发展的环境。从教学的角度讲，我们到底是把教学建立在学生的依赖性的基础上还是独立性的基础上？可以说，这就是传统教学与现代教学、知识教学与素养教学的不同基点，也是两者的分水岭。

著名教学论专家江山野先生指出，学生的独立性包含以下四层意思。第一，每个学生都是独立的人。正如每个人都只能用自己的器官吸收物质营养一样，每个学生也只能用自己的器官吸收精神营养。第二，每个学生都是独立于教师的头脑之外，不以教师的意志为转移的客观存在，因此，绝不是教师想让学生怎么样，学生就会怎么样的。第三，每个学生都有一种独立的倾向和独立的要求。在学习过程中，这突出表现在：如果学生觉得书自己能看懂，就不想再听别人多讲；感到事理自己能明白，就不喜欢别人反复啰唆；相信问题自己能想出答案，就不愿别人提示；认为事自己会做，就不愿别人帮助或多嘴。实际上，学生在学校的整个学习过程也就是一个争取独立和日益独立的过程。第四，每个学生，除有特殊原因者外，都有相当强的独立学习能力。这表现在：学生具有知识和能力，课堂上没有教过的社会生活知识和能力，许多是他们在自己的生活和活动中独立学来的；即便是教师教给他们的东西，也是靠他们已经具有的基础，运用他

们已经具有的独立学习能力，被他们所真正理解和掌握的。只有承认、尊重、深刻认识、正确对待并积极引导和发挥学生的"独立性"，才能在教育和教学上取得优良成绩。

为什么对学习中心课堂不放心？根本原因就是对学生独立性和学习力量有怀疑，说到底就是不相信学生的独立学习能力，总担心离开教师的教，学生是学不了学不好的。这里首先要解决两个认识问题。第一，学生的学习能力（潜力）是客观存在的并且是与生俱来的，每个学生天生就有很强的学习能力（潜力），他们在日常生活中可以独立自主地学习很多东西，而且研究表明每个人都有很强的学习欲望（天性），这些原本是我们教学的重要资源和依靠，却被我们忽视了。我们错误地以为学生都是从"零"起步的，什么东西都得依靠老师来教。第二，所有的能力都遵循并体现"用则进不用则退"的规则。学生有学习能力，可是如果我们不让他们去使用、去发挥，再强的学习能力也会慢慢退化掉的。独立是一种习惯，依赖也会成为习惯。依赖的习惯一旦形成，学习能力就会消失得无影无踪，到头来就会印证原来的错误假设：学生是不可能自己学会的。可以说，<u>相信学生的学习能力并依靠学生的学习能力，这几乎是教育学一条颠扑不破的真理。教育学所有成功的秘密都在于此</u>。教师要学会一点一滴地去发现、去欣赏学生的学习能力，并在这个过程中逐步去培养和增强学生的学习能力。学习能力和学习中心课堂是相辅相成、相互依靠的辩证关系：我们一方面要在创建学习中心课堂的过程中发展学生的学习能力，另一方面要在培养学生学习能力的过程中不断地推进学习中心课堂的建设。

（二）要构建尊重、依靠和发展学生独立学习能力的教学方式

从学生能力发展的角度讲，教学过程是一种以学生独立学习能力为基础并逐步发展学生独立学习能力的过程，只有依靠学生的独立学习能力才能不断地发展学生的独立学习能力，所以，我们的教学活动和育人方式一

定要建立在相信、尊重、依靠和发展学生的独立学习能力之上。当前我国中小学的育人方式从总体上说比较严重地落后于学生独立学习能力的发展，甚至可以说我们的教学活动不是去培养学生的独立学习能力，而是去强化学生学习的依赖性和被动性，这是我国学生独立学习能力不强的主要原因。学习中心课堂本质上就是一种基于学生独立学习能力、通过学生独立学习能力、为了学生独立学习能力的新型教学。

当然，学生的独立学习能力不是天生的，也不是一蹴而就的。实践证明，学生学习能力的发展正像儿童身体的生长一样，虽因每个人主客观条件之不同有快慢高低之别，但毕竟有一个客观的发展进程和一定的客观规律。江山野先生指出："在教学过程中，学生学习能力的发展也是有一个必然的客观进程和一定的客观规律的。掌握并按照这个客观进程和客观规律进行教学，学生的学习能力就发展得快，教学效果也好；不按照这个客观进程和客观规律进行教学，教学效果就差，学生学习能力的发展就要受到阻碍。"①

江山野认为，从教学全过程（即从小学到高中甚至到大学）看，学生学习能力的发展进程一般有如下几个阶段。② 第一阶段是完全依靠教师的阶段。"完全依靠"是因为学生缺乏学习知识的必备基础，所谓"零点"起步，比如刚刚入学或开始学习一门新的课程时，学生不仅没有知识基础也缺乏学习经验和能力，这个时候就必须完全依靠教师来教（来引导）。具体而言：学生所要学习的每一点知识都要靠教师来教，在学习中每前进一步都要靠教师引领。第二阶段是基本上依靠教师的阶段。"基本依靠"相对于"完全依靠"显然有一点点进步，主要原因是学生有了初步的学习经验和知识积累，开始拥有学习的独立性，可以独立学习一些内容，但是，总体来

---

① 江山野.论教学过程和教学方式（上）[J].教育研究，1983（9）：40.
② 同①.

说，学生的独立性还比较弱，学习还需要依靠教师的讲解和帮助。第三阶段是学生可以相对独立地进行学习的阶段。"相对独立"是从"依靠"走向"独立"的过渡阶段和关键环节，在这一阶段，学生的独立性有了进一步的发展，学习能力有了较大的提高，其主要标志就是学生基本能够自己阅读教材，大略明白所要学习的内容，这是有实质性意义的事件。认识到这种变化并把握住这种变化，同时积极推进这种变化，是培养学生独立学习能力和提高教学水平的关键。当然，这个阶段学生的独立性和独立学习能力还不够强大，学习效率和质量还不够高，学生会感到独立学习的困难，对所学内容的理解往往不够确切、准确和到位，也经常抓不住学习的要领，所以还必须依靠教师的引领和指导。第四阶段是学生在教师指导下可以基本独立学习的阶段。"基本独立"标志着学生的独立性已经占据上风，或者说独立性已经成为学生学习的主导力量，也可以说学生主要依靠独立性以独立的方式进行学习，学习逐步成为教学过程的中心，这是教学改革和发展的方向与目标。第五阶段是学生完全独立地进行系统学习的阶段。"完全独立"指的是学生可以不依靠教师的力量独立地进行相对系统的学习。当然，在学校教育系统中，"完全独立"是一个象征性的说法，它强调的是学生的独立性和独立学习能力已经达到我们预期的培养目标，教师可以放心地把一门课程或一项学习内容和任务交给学生独立完成了。

显而易见，学生在学校的学习过程是一个独立性不断提升和增强的过程。就教与学的关系而言，整个教学过程也是一个"从教到学"的转化过程。在这个过程中，教师的作用在于不断提升学生的独立学习能力。随着学生独立学习能力由小到大的增长，教师的作用在量上也就发生与之相反的变化。最后是学生完全独立，教师作用告终。所谓教师的主导作用，最主要、最根本的也就在于促进和完成这一转化，而不在于每一节课讲不讲、讲多少。所以，对教师的主导作用不能狭隘地去理解，不能把它看成一种恒定不变的东西，而是要从整体上和发展上去看，认识到它是一种不断变化、不断走向"反面"并最终要被"否定"的东西。这样，才能自觉地按照学生学习能力和教学过程发展的客观规律，把学生的学习能力和教学过程从一个发展阶段推向另一个发展阶段，最后培养出具有很强独立学习能力的人才。

江山野先生还强调指出："学习能力的发展与教学过程的发展直接关联。教学，要适合学生的学习能力，以学生的学习能力为基础；同时，教学过程也就是发展学生学习能力的过程。"[1]但是，他也认为："在实际教学工作中，教学方式常常落后于学生学习能力的发展。在学生已经具有相对独立学习能力的阶段，仍然采用由教师牵着鼻子走的教学方式，是一种很常见的现象。为克服这种落后现象，有必要强调指出：应该把第三种教学方式（即首先让学生预习，然后根据学生预习中提出的和存在的问题进行教学——作者注）当做适合于学生相对独立学习阶段的基本教学方式确立起来，使之成为这一阶段的教学常规。"[2]江山野特别强调指出：当学生已经能够自己阅读教材和自己思考的时候，就要先让他们自己去阅读和思考，然后根据学生提出的和存在的问题进行教学。这不是一种可以选择也可以不选择的教学方式，而是一条必须遵循的教学规律。[3]

可以说，当前中小学教学方式乃至整个育人方式落后于学生学习能力的发展，是我们不能实现高质量教育教学的根本原因。在教学实践中，我们经常发现个别教师每节课都上得不错，可是整体教学效果却不怎么样。教育教学的整体质量取决于育人方式体系，而不是个别优秀教师和所谓的若干节优质课。

我们要推进教育现代化，推进教育走向新时代，最核心的就是要建立尊重、依靠和发展学生独立学习能力的育人方式体系。笔者这几年一直在

---

[1] 江山野.论教学过程和教学方式（上）[J].教育研究，1983（9）：40.
[2] 江山野.论教学过程和教学方式（下）[J].教育研究，1983（10）：29.
[3] 同[1].

中小学倡导和实施"阅读·思考·表达"教学法（简称"读思达"教学法），把阅读、思考、表达作为学生独立学习的具体形式，把阅读力、思考力、表达力作为学生独立学习能力的主要构成，坚持引导学生通过阅读、思考、表达进行独立、自主的学习，把学生从被动、依赖性的"听、记、背、练、考"学习状态和学习方式中解放出来。我们很快就发现学生的独立学习能力是可见的、可信赖的、可培养的、可发展的，是我们教育最宝贵的财富，是我们教育最根本的依靠，是解决诸多教育问题的切入点。

课程改革，成也教师，败也教师。更准确地说，课程改革的成功在于教师能够最大限度地相信、激发、发挥、利用学生的学习力量，使学生的学习力量得到最大限度的提升和发展；课程改革的失败在于教师竭尽全力地替代学生、取代学生，使学生在课程改革中无用武之地，不能在课程改革中发挥和使用自己的学习力量，从而导致学习力量的不断丧失。

从根本上说，课程改革就是一场解放学生的运动，把学生的独立性、自主性、创造性和各种各样的潜能以及个性充分地释放出来，引领学生在不断的超越中发展自己、成全自己、壮大自己！这就是新课标的思想追求，是课程教学深化改革的最终目的。

二、课堂有学习，意味着要以学生的学习为课堂的主形态，让学生的学习在课堂上真实、完整、深刻地发生

（一）要让学习成为课堂的中心

这是从时空角度说的，课堂主要是学生学习的场所而不是教师讲授的舞台，学生学习活动而不是教师讲授活动应占据课堂的主要时空。当然学生学习可以以不同的形式进行，既可以是个体独立的学习，也可以是小组协作的学习，还可以是全班交流互动的学习。正如陈佑清教授所指出的，

所谓学习中心课堂"是指以学生学习活动作为整个课堂教学过程的中心或本体的课堂。相比于讲授中心课堂，在学习中心课堂中，课堂教学过程的组织要尽可能让学生能动、独立（自主）地学习成为学生学习的基本状态，并让学生能动、独立（自主）的学习占据主要的教学时空。教师的作用以激发、引导学生能动、独立的学习为最高追求和根本目的"[①]。学习中心课堂是新型教学的表现形式和逻辑起点，学习中心课堂的关键在于实现教与学关系的根本性变革，不能实现教与学关系根本性改变的课堂，依然还是以教师讲授活动为主的课堂。这种课堂无论采用什么新鲜的模式，或者以什么新奇的面貌出现，哪怕它十分吸引学生的注意力，或者一时取得多么显著的效果，都不是教学改革的方向和正道。只有全力推进教与学关系的根本性调整，切实地把课堂还给学生，让学生真正成为课堂学习的主人，才是教学改革的根本方向和长久之计。

建立学习中心课堂是实现核心素养落地的最实质的切入点。从教与学的关系角度讲，教学过程本质上是学生的学习过程，没有学，教的价值也就荡然无存；没有学，核心素养的形成无异于缘木求鱼。核心素养不是外在于学生的知识符号，而是长在学生身上的品格能力，只能由学生通过学习活动慢慢形成。在课堂教学中，学的能动性、独立性、自主性越来越强，就越来越有助于核心素养的形成。当然，教学乃有教之学，教的重要性在任何时候都是不可忽视的。问题的关键在于教要融入、转化到学的过程之中，成为学生学的助力、支撑、导向。学习中心课堂的建立过程实际上就是教不断转化为学的过程，这样随着教学的进展，教的主导作用逐步转化为学生学习的主体力量，最终达到"教是为了不教"的目的。

[①] 陈佑清. 建构学习中心课堂：我国中小学课堂教学转型的取向探析 [J]. 教育研究，2014（3）：100.

（二）要让学习在课堂上真实发生

学习中心课堂不仅要让学习看得见，更重要的是这种学习必须是真实发生的。"真实发生"不仅对应"虚假（形式）发生"，而且对应"局部（部分）发生""浅层发生"。这是学习中心课堂中最具实质性的问题。如果课堂虽然以学生学习为中心，但这种学习只是形式的、浅层的甚至是虚假的，那么它就背离了学习的本意，这样不仅无助于而且有害于核心素养的形成。防止学习的表层化、浅层化、虚假化是构建学习中心课堂的核心要义。那么究竟如何确保学生学习在课堂上真实发生呢？第一，要确保学习内容既具有可接受性又具有挑战性，这实际上就是现有发展区和最近发展区的关系问题。学习内容的难度低于学生的学习能力或远高于学生的学习能力，就很容易造成虚假和形式上的学习，只有"跳一跳才能摘到果实"的学习才是真实发生的学习，它是基于学习能力又发展学习能力的学习。第二，要确保学生进入学习的状态。学生在不在学习的状态是检验学习是否真实发生的标准。学习状态包括情绪状态、思维状态、交往状态等。学生是兴致勃勃、兴高采烈还是懒懒散散、无精打采？学生是心无旁骛、专注沉思还是心神不定、魂不守舍？学生是积极互动、配合默契还是自说自话、走走过场？这些是课堂学习是否真实发生的分水岭。把学习还给学生容易，让学生进入学习状态难。只有当学生在课堂教学的全过程都专注于、沉浸于学习的时候，只有当学生的经验、知识、思维、想象都参与学习的时候，特别是当学生的原生态思维（即学生未经教师指导、未被教材同化的原始思维、本真思维、自我思维）、批判性思维和建构性思维在课堂学习中起主导作用的时候，学生的学习才能真实、完整、深刻地发生。为什么要特别强调学生的原生态思维？因为原生态思维意味着学生在学习中不盲目接受来自教材或教师的现成答案与结论，不唯书、不唯上，敢于自觉地根据自己的理性思考做出分析和判断，主动建构对课程知识的理解。它突出表现为学习者所具有的质疑精神、批判精神、探究精神。这是核心素养的核心。

第四节 "读思达"教学法与学习中心课堂的建立

"读思达"教学法是一种以阅读、思考、表达为教学基本环节和基本要素的教学法，阅读、思考、表达对应于认知输入、认知加工、认知输出，是学习规律和本质的体现。读、思、达是学生学习的王道、大道、正道，是教学过程中具有本质性、本体性的活动，它们犹如饮食中的一日三餐。"读思达"教学法是学习中心课堂的典型体现，也是学习中心课堂建立的支点，是知识教学走向素养教学的根本保障。

一、"读思达"教学法的基本范式

阅读、思考、表达是课堂教学的三个基本环节，这三个环节是递进关系：在阅读的基础上深度思考，在思考的基础上进行个性化表达。课堂教学就按照这个顺序展开，这就是"读思达"教学法的基本范式。当然，这三个环节也有交叉关系，你中有我、我中有你，彼此相对独立而不是绝对独立。

（一）阅读环节

阅读是第一个环节，这是因为阅读是认知输入，没有认知输入就没有认知加工和输出，思考和表达都建立在阅读的基础之上，甚至可以说，阅读的质量决定着思考和表达的质量进而决定着课堂教学的质量。对于阅读，我们强调以下方面。

第一，阅读是学生与文本的直接对话，教师可以引领和指导，但不能代劳。传统教学就是教师把教材咀嚼烂了喂给学生，"教学成了给学生'喂'教师消化好的知识的过程，学生与原生知识、真实现象之间直接会面、发生挑战的机会被取缔，久而久之，学生失去了对新知识的消化力、对新现象的透视能力，教学活动沦为地地道道的授受与识记过程"[①]。学生必须直接面对教材，发现教材的"新鲜"并经历和遭遇教材的"挑战"，这是阅读中最激动人心的场景和最有意义的活动，同时也是学生阅读力形成与发展的不二法门。这也是笔者倡导"裸读"的原因，不仅教师不能过多参与或替代，所谓的教参和教辅也不能过多介入乃至直接"提供答案"。"在一节课里面，能让学生多少次与教科书的语言发生新鲜的接触，这是决定教学成败的事，很有必要返回到阅读教科书去，一节课中若干次反复地阅读。"[②]

第二，阅读可以在课上也可以在课前进行。根据我们的经验，刚开始的时候，最好放在课上，在教师的具体指导下，在规定的时间内，用一定的方法阅读教材内容，这也是对阅读进行指导和训练的过程。等到学生掌握了阅读方法并初步具备了阅读力，就可以把阅读活动放在课前并由学生自主安排。同样的道理，刚开始的时候教师可以提供阅读指导提纲，作为学生阅读的"拐杖"和"导航"，但随着学生阅读力的不断提升，他们就要不断减少对"拐杖"和"导航"的依赖。

作为课堂教学过程的第一环节，阅读对教师的要求是：（1）对学生阅读进行必要的指导，可以在课堂上进行现场指导，也可以通过提供导学案

[①] 龙宝新.走向核心知识教学：高效课堂教学的时代意蕴[J].全球教育展望，2012（3）：20.

[②] 佐藤学.静悄悄的革命：创造活动、合作、反思的综合学习课程[M].李季湄，译.长春：长春出版社，2003：33.

进行间接指导。指导要具体、明确、到位但不越位。(2)在课堂教学过程中对个别小组和个别学生进行有针对性的帮助，促使其阅读活动顺利进行，同时对全班的阅读活动进行整体调控和反馈检查。阅读对学生的要求是：(1)根据教师要求，在规定的时间内，借助一定的阅读方法，独立自主、积极主动、认真专注地进行阅读。(2)概括读懂的内容并完成相应的任务（解决现有发展区的问题），同时归纳不会的内容和未解决的问题（提出最近发展区的问题）。

从教学的性质和使命来讲，阅读的目的是达到对文本正确的和准确的解读。教师要防止和消除学生的误读和浅读，特别是要防止和克服偏离教材主旨和主流价值观的随意解读。"对文本的明显误读，有时是因为离开了文本的整体性，或文本的具体写作背景，或文本所属文体的基本特征而造成的。任意解读和误读，不是真正意义的创造性阅读。"[1]要培养学生对教材、对文本的敬畏感，正如接受美学家伊瑟尔所说，文本的规定性严格制约着接受活动，以使其不至于脱离文本的意向和文本结构，而对文本意义做随意理解和解释[2]。

(二)思考环节

思考是第二环节，是教学过程中最核心的环节。阅读是与文本对话，思考是与问题对话，思考起源于问题，能否发现和提出问题是思考的关键。问题是学生思维的引擎，没有问题就难以诱发和激起学生的探究欲。感觉不到问题的存在，学生就不会去深入思考，这样学习就只能停留在表面。教学，从根本上说，是思考着的教师引导着学生思考，又让思考着的学生

---

[1] 方智范.高中语文必修课与选修课教学实施的若干问题[J].语文建设，2006(10)：5.
[2] 伊瑟尔.阅读活动：审美反应理论[M].金元浦，周宁，译.北京：中国社会科学出版社，1991：128.

促动教师思考。而在这一过程中，问题是最好的营养剂。①对于作为教学核心环节的思考，我们强调以下方面。

第一，问题要在对文本的不断阅读和不断追问之中产生，这样才会使问题的发现和解答与文本的深度解读和掌握有机融为一体。一般而言，问题一方面来自学生的认知困惑和认知障碍，它是由学生认知水平不足造成的，教师要引导学生把阅读过程中存在的困惑和障碍提出来，进行答疑解惑，从而取得"小疑获小进、大疑获大进"的效果。这样不仅会增强阅读效果，提高阅读质量，更重要的是可以提升学生的阅读力。问题另一方面来自学生的批判和超越，即学生发现文本的"不足"或对文本产生不同的看法。教师要鼓励并赞赏学生对文本的质疑和批判，保护和引导学生提出个性化的不同的理解和看法。这样的思考和批判会使学生在阅读和学习之中不断地发现自我和感受到自我的存在。"我思故我在"，没有思考，学习就会变成"我不在场"的学习，这样的学习就失去了自我意义。"对学生成长而言，一切知识都应该是可征询、可批判、可分析、可研讨的对象。"②为此，学科知识的学习过程应该伴随学生的批判、分析进而获得新的感悟和判断。知识本身不是教学的目的，借助知识、通过知识培养学生的思考力、批判力和创新力才是教学的目的。实际上，早在20世纪80年代，联合国教科文组织就明确指出："教育应该培养人的批判精神，培养对不同思想观念的理解与尊重，尤其应该激发他发挥其特有的潜力。"③

第二，要把思考活动和方法作为教学的目标和内容。知识的确立不仅需要事实依据，也需要逻辑依据。所谓事实依据，即知识的表象、现象和事实证据。知识要言之有物，物就是事实依据。知识也要言之有理，理就

---

① 张楚廷.教师的四重奏：教学·学教·教问·问教[J].课程·教材·教法，2008（7）：43.
② 郭元祥.知识的教育学立场[J].教育研究与实验，2009（5）：4.
③ 拉塞克，维迪努.从现在到2000年教育内容发展的全球展望[M].马胜利，高毅，丛莉，等译.北京：教育科学出版社，1992：88.

是逻辑依据。知识的逻辑依据也就是知识生成所需要的论证与推理的逻辑思维过程。"事实上，学科知识与思维方法和学科方法本来就是一种水乳交融的关系，每一个概念与规律的得出，都自始至终贯穿着思维方法与学科方法的操作。因此，只有通过结合思维方法与学科方法的概念、规律教学，使学生在每一个概念、规律得出过程中真切体会思维方法与学科方法的作用，学科知识才能真正被学生所掌握，思维教学才能真正得到落实。"①为此，教师要结合学科的性质和特点，引导学生探究文本每个知识点特别是每个概念、每个原理和每个命题的提出过程与思维步骤，深究知识与思维的融合和转化，从而在掌握知识的同时领悟其蕴含的思维方法，或者在进行思维推理和探究的同时掌握知识。没有思维的参与、知识就立不起来。我们的教学不要看学生学了多少新课程和新知识，而要看学生是否真正学会了思考，学会了课程外的实践；不要看学生接受了多少，而要看学生是否敢于批判和批判了多少；不要看教师在课堂上教给了学生多少知识，而要看教师给了学生多少思考的机会，给了学生多少辩论的机会。②

　　作为教学核心环节的思考，对教师的要求是：（1）提出或引导学生提出有价值的问题，并对问题进行必要的筛选和提炼，确保核心问题或主问题成为教学的中心；（2）对学生思考活动进行启发和引导，确保学生的思考在有意义、有价值的方向上进行。对学生的要求是：（1）提出在阅读中发现和存在的问题、疑惑，并对问题进行独立自主并有创意的思考；（2）所有知识都经由自己的独立思考而获得，想透彻、想明白，不盲从、不依赖，对教材（知识）获得不断深入的认识（不仅知其然，而且知其所以然），并在掌握知识的同时学会思维。从学生学习的角度讲，思考即对所学知识的加工、判断、鉴赏、质疑、建构等。如果说阅读是对知识（文本内

---

① 邢红军. 中小学思维教学的深化研究［J］. 课程·教材·教法，2016（7）：38.
② 龚波. 课程改革呼唤教学文化的转型：从接受到批判［J］. 当代教育科学，2005（17）：29-31.

容）的表层认知，思考则是对知识（文本内容）的深层认知；阅读获得的是外在的客观的知识，思考获得的则是内在的主观的见识。

（三）表达环节

表达是第三环节。表达作为一种认知输出，显然建立在认知输入和认知加工的基础上。表达以阅读和思考为基础，同时也是对阅读和思考的检验，阅读和思考的质量与水平必须通过表达加以检验。从认识的过程来说，表达是学生素养形成和能力发展的落脚点和试金石，只有能够表达出来的东西才是学生真正学会的东西。不管你阅读了什么，思考了什么，只有当你能够清晰地加以表达的时候，你才能证明你学到了什么、掌握了什么。阅读和思考是学生认识的"黑箱"，表达让学生的学习及其效果看得见。实际上，表达不仅仅是对阅读、思考的检验，也是对两者的综合和提升。表达过程是认识清晰化、深刻化、个性化的过程，它对阅读和思考具有"反哺"作用，阅读和思考活动中存在的模糊、肤浅、人云亦云的认识会在表达过程中暴露并得以纠正。当然，表达的意义还在于它能够给学生自信和力量，它是激发学生学习的动力和源泉。苏霍姆林斯基曾指出："学生的许多问题，比如厌学、精神不振等，都是由于学生没有看到自己的力量与才能所造成的。学生学习的最大苦恼，是看不到自己的学习成果，得不到应有的回报。"[①]那么，作为教学过程第三环节（最后环节）的表达，究竟要做什么呢？

第一，口头表达，其实质是知识的外化。从结果的角度说，它要求学生能够用口头语言（自己的话）把所学的内容及自己的心得感悟清晰地表述出来（这个要成为每个学生的学习习惯）；从过程的角度讲，它要求学生能够围绕阅读和思考的话题积极主动地跟同学（小组或全班）进行交流

---

① 崔成林.课堂教学改革的10大追问（上）[N].中国教师报，2015-05-06（6）.

分享和讨论辩论。

　　第二，书面表达。书面表达的原义是学生能用书面文字把所学所感写出来或整理出来，但这不是核心。书面表达的实质是知识的运用，依其层次可分为：一是习题性运用（简单运用），即把所学知识迁移到不同的情境之中，实际上就是心理学所说的变式练习，通过这种运用培养学生举一反三的解题能力。二是问题性运用（综合运用），即用所学知识解决实际问题、真实问题，这个过程是对所学知识的重新组织以构建符合问题解决需要的知识模块（知识创新）。它不是对知识的简单的提取和对接，所以是很有挑战性的智力旅程。相对而言，习题性运用只能说明知识学会了，问题性运用才能说明知识学活了。三是转化性运用，即把所学知识加工转化成一种方案、设计，乃至变成一种工艺、产品（作品）。这个过程需要更多的创造性和综合性以及动手能力。转化性运用实际上是一种创意性的表达，从教学的角度讲是一种深加工的教学，是增值性和附加值最高的教学。在转化性运用中，从表现的角度说，知识变成了设计方案和产品；从学生的角度说，知识变成了智慧和能力。就像工厂的原材料变成了优质的品牌产品（内含高科技和文化传统等各项因素），产品较之于原材料发生了实质性的变化。毛泽东同志曾指出："读书是学习，使用也是学习，而且是更重要的学习。"[①]陶行知甚至提出要以"用书"来替换"读书"，在他看来，"书只是一种工具，和锯子、锄头一样，都是给人用的。我们与其说'读书'，不如说'用书'。书里有真知识和假知识。读它一辈子不能分辨它的真假；可是用它一下，书的本来面目便显了出来，真的便用得出去，假的便用不出去"[②]。

　　作为教学活动的第三环节，表达对教师的要求是：（1）设计适切的表

---

① 毛泽东.毛泽东选集：第一卷[M].2版.北京：人民出版社，1991：181.
② 方明.陶行知教育名篇[M].北京：教育科学出版社，2005：227.

现性任务、真实的问题情境以及有针对性的作业;(2)对学生的各种表达进行正面鼓励和价值引领。表达对学生的要求是:(1)语言文字上力求清晰、简洁、生动,知识内容上力求准确、深刻、完整,思路方法上力求科学、灵活、新颖;(2)通过表达活动实现对所学知识的自我整理、有效加工和转化深化。

阅读、思考、表达三个环节构成了"读思达"课堂教学的基本结构或基本范式("通用式")。对于刚刚参与"读思达"教学法改革实验的老师,我们特别强调必须遵循基本的流程和步骤。没有规矩不成方圆,凡事首先要讲规则,规则下的自由才是真正的自由。教学首先是科学,然后才是艺术;首先讲共性,然后才讲个性。当然,对于不同学科、不同教师、不同的课型和内容、不同的教学阶段和任务来说,其实施起来会有许多具体的变化。

二、"读思达"教学法的主要变式

(一)程序或流程性的变式

课堂教学按照阅读、思考、表达三个环节的递进关系有序推进,这是"读思达"教学法的基本范式。但是这个顺序不是固定和固化的,阅读、思考、表达也不是并列和并重的关系,可以以其中任何一个为龙头和红线重组教学的流程,这样就会有三个主要的变式。

(1)基于阅读的"读思达"教学模式(输入导向、阅读导向的课堂教学)。这个模式的特点是,以阅读作为起点和中心,把阅读力培养摆在第一位,以阅读带动思考和表达,所有的思考和表达都基于阅读、通过阅读、为了阅读。其基本流程是初读、再读、三读(细读、研读),直至读深、读透。每个流程都以读开头,将阅读作为后续学习活动的基础和前提(读是打底的活动），在循环深化的阅读之中，带动思考和表达的深化，从而推进读思达整体发展。这种模式的重要表现就是自主学习法或先学后教法。我们中国人一向把上学叫作读书，所以，相对于思考、表达，我们一向更注重阅读。这几年，我国不少中小学都在积极推进自主学习，倡导先学后教，把指导学生阅读和培养阅读能力作为教改的核心和抓手。不少地方开发了各种形态的导学案（教学案），通过导学案引导学生自主阅读、先行阅读，然后在这个基础上进行合作探究和互动教学。

（2）基于思考的"读思达"教学模式（问题导向、思考导向的课堂教学）。这个模式的特点是，以思考为起点和中心，把思考力（批判力）培养摆在第一位，以问题和思考带动阅读和表达，所有的阅读和表达都基于问题、通过问题、为了问题（的解决）。其基本流程是发现和提炼问题（核心问题、主问题），分解问题（具体问题、次问题），围绕问题进行思考，在问题的思考和解决过程中，推动阅读和表达，以此推进读思达整体发展。这种模式的重要表现就是问题教学法或问题中心学习法（教师可设置"问题导学单"或"问题学习工具单"来推进以问题为主线的课堂学习）。

（3）基于表达的"读思达"教学模式（输出导向、表达导向的课堂教学）。这个模式的特点是，以表达为起点和中心，把表达力培养摆在第一位，以表达（项目、任务、设计、写作、创意等）带动阅读和思考，所有的阅读和思考都基于表达、通过表达、为了表达。其基本流程是设计输出产品和项目任务，以输出和任务驱动学生的阅读和思考，以此推进读思达整体发展。这种模式的重要表现就是设计教学法或项目学习法（教师可设置学习任务清单或学习成果清单，推进以表达为导向的课堂学习）。用佐藤学先生的话说，这是一种"学生将自己理解的东西用作品表现出来与同伴共享、相互欣赏的活动的学习"[①]。这种教学法体现了一种逆向思维，以终为

---

① 佐藤学.静悄悄的革命：创造活动、合作、反思的综合学习课程[M].李季湄，译.长春：长春出版社，2003：41.

始，因用而学（把用知识作为学习知识的一种方法和手段），以"产出"为导向，以方案设计、创作作品、实验报告、知识运用为固着点组织课堂教学活动，搭建学生学习平台，促进学生阅读、思考、操作、设计、研讨、展示。从教学设计的角度说，这是一种典型的逆向教学设计。传统的教学设计起于学习的起点，从学生已经知道和掌握的知识开始，逐步将学生引向学习的新要求和新目标。逆向设计则从学习的终点开始，它要求"教师在思考如何开展教与学活动之前，先要努力思考此类学习要达到的目的到底是什么，以及哪些证据能够表明学习达到了目的"[①]。

美国有个设在加利福尼亚大学伯克利分校的非营利性组织，叫"美国国家写作计划"（NWP），其任务就是协助全美的公立学校加强对学生进行专业的高品质的写作教育和训练，以培养和提高学生的写作表达能力。这个计划倡导的实际上也是一种基于写作表达的学习，其很多理念值得我们学习借鉴：（1）写作是一种与人沟通及表达自我的手段，它对任何一个学科的学习都至关重要，是所有学科学习的有效工具。（2）"写得好"一定读得好，但"读得好"却不代表能够写得好。（3）把写作训练融入各个学科的学习，并倡导跨学科的写作训练以及以写作为中心的学科教学。一位参与计划的科学教师发现，学生为了写出更严谨的实验报告，会更认真地阅读有关文献，进行更深入的思考和追问并检讨解决问题的方法。"数学教师会让学生写日志，学生可以在日志中总结他们今天学到了哪些观念。他们也会在日志中比较一道习题的不同解法。科学日志则可以让学生预测实验的结果，记录他们的观察和结论，或练习从科学家的观点来做一段论述。社会课，则让学生访问家人、写传记、新闻稿，或是模拟历史课学到的历史人物的口吻，写一段自述。这些教学操作显示，跨科际的写作练习，可

---

① 威金斯，麦克泰格.追求理解的教学设计（第二版）[M].闫寒冰，宋雪莲，赖平，译.上海：华东师范大学出版社，2017：14.

以作为让学生熟悉教学内容的手段,并可以用两种方法来实施:让他们把所学用严谨的写作表现出来(科学报告、商业计划、历史研究……),或者让他们用轻松的方式来记录自己的心得(日志、笔记……)。"①

(二)学科与课程性的变式(读思达的学科化)

各学科课堂教学流程仍然按照阅读、思考、表达的程序展开,但由于各学科的性质、内容不一样,阅读、思考、表达的对象特别是方式也不一样。比如,自然科学阅读的对象更多的是"科学现象(观察)",而音乐学科可能更多的是用"耳朵"读(听)。这样"读思达"教学法在不同的学科里就体现出不同的特点和要求,这也就是读思达在不同学科中的变式。我们列举有关学科说明如下。

1. 语文

语文学科读思达的表现形式包括如下几种。认字写字教学:认一认(看一看),想一想,写一写(记一记、背一背)。阅读教学:读一读,想一想,说一说(评一评、品一品)。语文学科的读思达三种能力表现为会听能读(会认)、会思能想、会说能写。具体要求是,读的能力(技能)与品质包括会读、快读、精读、细读、研读、朗读、愿读、乐读。思的能力(技能)与品质包括言语推敲、言语感悟(语感)、形象思维、逻辑思维、批判思维。语文思考要能够发现和领悟文本的语言之美和文化内涵。达的能力(技能)与品质包括背诵朗诵、积累记忆、讲故事、演讲、迁移、运用、写作。语文表达要达到规范、生动和个性化的目标。

2. 数学

数学学科读思达的表现形式有:读一读(看一看、做一做),想一想(理一理),说一说(算一算、练一练、解一解)。数学学科的读思达三种能

---

① 曾多闻. 美国读写教育改革教我们的六件事[M]. 台北:字亩文化出版社,2018:124-125.

力表现为会看会做（操作）、会思会想、会算会解会说（看得懂、想得透、解得快）。从学科素养的角度讲，就是要学会：用数学的眼光观察世界（抽象、直观的能力），用数学的思维分析世界（逻辑推理、数学运算），用数学的语言表达世界（数学建模、数据分析）。具体要求是，数学之读要学会读懂数学语言、读懂数学图像、读懂数学符号、读懂数学结构，数学之思要学会抽象思维、逻辑推理思维、直观形象思维、创新思维，数学之达要学会准确表达、精确表达、严谨表达、简洁表达。

3. 英语

英语学科读思达的表现形式有：读一读（听一听），想一想，说一说（记一记、写一写、背一背）。其类似于语文学科。

4. 艺术

艺术学科主要包括音乐和美术。音乐学科读思达的表现形式有：听一听（声音识别），想一想（审美判断、文化理解），唱一唱（音乐表现和创意实践）。美术学科读思达的表现形式有：看一看（图像识别），想一想（审美判断、文化理解），画一画（美术表现和创意实践）。音乐和美术学科的读思达与其学科核心素养是完全对应的。音乐学科的读主要是用耳朵"读"，即声音识别，声音识别是音乐学科的第一素养；美术学科的读是看图，即图像识别，图像识别是美术学科的第一素养。两者的思都是审美判断、文化理解。审美判断也就是能够从声音和图像中发现美、感受感悟美、欣赏美，文化理解也就是能够从声音和图像中解读出其文化内涵和意蕴。两者的达都是表现与实践，音乐学科的表现包括吹拉弹唱演，美术学科的表现主要是画画和设计。两者的表达都包括创意实践，即能够用自己所学的音乐和美术学科的知识与技能进行自主的设计和创作以表达自己的思想和感情。

5. 体育

体育学科读思达的表现形式有：看一看（教师示范、学生观察，动作识别），想一想（记一记），练一练（动一动）。体育学科的读主要是动作模仿（动作识别），具体而言就是教师示范、学生观察，也就是说体育学科读的对象是动作；体育学科的思主要是动作想象与动作记忆；体育学科的达就是动作表达，动作表达要求动作的准确性、熟练性和技巧性。

6. 自然科学

自然科学读思达的表现形式有：看一看（实验观察、现象识别），猜一猜（猜想、假设、验证），做一做（说一说、写一写）。自然科学包括物理、化学、生物学等学科，这些学科的特点是以实验为基础，所以这些学科的读就是实验观察，可以理解为现象（科学现象）识别。当然，能够从实验现象中看到什么并加以识别并不完全是眼睛的功劳，还取决于头脑里原有的认知背景。自然科学的思要致力于揭示现象背后的本质和原理。以物理为例，物是现象，理是本质，现象要观察，本质要思考。值得强调的是，科学思考的一个不可或缺的环节是根据实验现象提出"猜想与假设"，这是因为，科学的猜想与假设是科学活动中"最具奥妙、最有魅力的一段。这种最终能得到实验证据支持的假说就是通向发现的护照"[①]。绕过了这"最具奥妙、最有魅力的一段"，科学活动就没有了"魂"。自然科学的表达不仅仅是做题，更重要的是学会写实验报告、学习报告以及解释现象、解决各种实际问题。

7. 人文社会学科

人文社会学科包括道德与法治、历史、人文地理等科目。在中小学，人文社会学科是直接关涉学生价值判断和"三观"形成的学科。它的读思达都是围绕着"价值判断"而展开的：它的读面对的是价值事实、社会现象、历史证据以及价值标准和依据；它的思就是要对各种现象、行为进行价值判断，即对善与恶、对与错的甄别和澄清；它的达就是行动，想到说

[①] "科学探究性学习的理论与实验研究"课题组.探究式学习：含义、特征及核心要素[J].教育研究，2001（12）：56.

到更要做到，把通过价值判断确认是善的对的行为落到生活和实践中。所以，人文社会学科读思达的表现形式主要是看一看（读一读），想一想（判一判、议一议、评一评），做一做（用一用）。

各学科读思达的方式和内容有所不同，但是都要经历读思达这三个环节和三道程序，这是"读思达"教学法的刚性要求，也是包含认知输入、认知加工、认知输出的完整学习的体现。

近年来，"读思达"教学法得到了广大教师的高度认同和积极践行，目前全国各地有数十万名教师在不同的层面上实施和使用"读思达"教学法，不少一线教师已经创造和提炼出具有独特风格的读思达的具体方式："快阅读+慢思考+精表达""熟读+精思+巧写""充分的阅读+深度的思考+生动的表达""自主的阅读+悄悄的思考+热烈的讨论""深度阅读+高阶思维+个性表达"等等。一位科学教师把读思达改造为"观察—解释—运用"，一位道德与法治教师将其改造为"懂道理—会判断—真行动"。总之，"读思达"教学法是一个开放的系统，每个有心的教师都会在实践中形成和创造出自己的风格与样态，这也正是"读思达"教学法的神奇和魅力所在。

值得强调的是，"读思达"教学法不是一种全新的教学法。在与中小学教师的互动过程中，经常有教师反映自己对这种"新"方法很熟悉，还有教师说自己在实践中就是这么做的。我的回应是：没有一种方法是全新的，是我们完全陌生的，所有的好方法都来自一线的实践，都是从优秀教师的有效教学经验中提炼出来的。所以教师们感到熟悉或者已经在这样做，一点也不奇怪。但是我们的教师是不是坚持这样做？是不是理解其中的道道？能不能总结出自己的风格？面对我的反问，老师们往往又都沉默了。从理论上讲，"读思达"教学法不仅要指导一线教师开创新的教学实践，也要引导一线教师去总结和提升自己已有的相关经验，去改造和完善已有的相关实践，从而形成卓有成效的读思达风格、模式和策略。

第五章

从『坐而论道』走向学科实践，建立实践型的育人方式

从哲学的视角讲，实践与认识相对应，是一对范畴。学科实践是一种特殊的实践，既体现实践的共性又有自身的特殊性。学科实践是学习性和学科性的统一。

从课程的视角讲，学科实践的意蕴是改变知识内容的组织和呈现方式。

从教学的视角讲，学科实践的意蕴是改变学生学习的方式和路径，其核心要义是强调教学是学生的活动过程。

第一节　学科实践的内涵和意蕴

一、学科实践的一般性与特殊性

学科实践既然称为实践，从理论上讲，就应具备一般意义上实践活动的内涵、要素和基本特征。但是学科实践又是中小学教育这一特殊场景中的实践，它有自身特殊的规定性和价值取向。我们既要尊重遵从实践的一般规定，又要不拘泥于实践的固有含义，学科实践既要体现实践的共性，又要展现自身的个性。

（一）实践的一般性

1. 实践与认识的内涵

认识和实践是认识论的一对基本范畴。相对而言，认识是一种精神的、主观的活动，实践是一种物质的、客观的活动。简单地说，认识是"想"，实践是"做"。按照马克思主义的观点，实践是一种主观见之于客观的过程，而认识则是一种客观见之于主观的过程。两者的指向和宗旨不同：实践的指向和最终目的是改变"客观世界（外在世界）"，认识的指向和最终目的是改变"主观世界（内在世界）"。

值得一提的是，任何概念都不是一成不变的。以往人类实践的基本形态被划分为阶级斗争、生产斗争和科学研究三种，现在实践已全面进入物质生产、精神生产和人类自身生产三大领域，实践的内涵和外延得以深化和拓展。教育作为人类自身生产的路径，也是人类实践的重要组成部分。

人类的认识有感性认识和理性认识两个阶段或两个层次。第一，认识开始于经验，从认识的过程来说，感觉经验是第一位的东西。理性认识依赖于感性认识，理性的东西之所以靠得住，正是由于它来源于感性，否则理性的东西就成了无源之水、无本之木，是主观自生的靠不住的东西。第二，认识有待于深化，认识的感性阶段有待于发展到理性阶段。要完全地反映整个事物，反映事物的本质，反映事物的内部规律，就必须经过思考，将丰富的感觉材料加以去粗取精、去伪存真，通过由此及彼、由表及里的分析，形成概念和理论系统，即从感性认识跃进到理性认识。

2. 实践与认识的关系

马克思主义哲学强调，在认识与实践这对矛盾统一体中，实践是矛盾的主要方面。实践既是认识的来源又是认识发展的动力，还是认识的目的和检验认识的标准。正确和可靠的认识总是在"基于实践、通过实践、为了实践"中进行和获得的。一旦离开实践、脱离实践，认识就会陷入迷茫、失去方向。与此同时，认识对实践具有强大的反作用，有效的实践离不开认识的支持和指导，认识与实践在彼此的交织中共生共长。

人类的认识活动正是通过实践不断地从感性认识走向理性认识，而人类的实践活动也正是在理性认识的指导和引领下不断得以深化和拓展的。这样的认识和实践活动就构成一种良性循环，也可以说，认识和实践是在互为手段、互为目的的活动中实现共同发展的。正确的认识离不开实践，有效的实践离不开认识。两者是相辅相成、你中有我我中有你的关系。

（二）学科实践的特殊性

（1）学科实践的主体是正在成长的儿童（学生），具有不成熟性。这就决定了学科实践与一般人类实践（成人实践）的区别，不能苛求学科实践的完备性和科学性。反过来说，学科实践要遵从和体现学生的身心发展特点和原有的经验基础，简单地说，学科实践必须是儿童够得着的实践，是儿童感兴趣的实践，是体现儿童特点当然也是儿童发展所需要的实践。

（2）学科实践的主要目的是促进实践主体即儿童的成长、发展。实践的价值并不局限于人对客观世界的影响和改造，还包含对实践主体的影响和改造。如果说哲学意义上的实践主要指向外在的客观世界，那么教育学意义上的实践则主要指向内在的主观世界。教育学所倡导的学科实践是为了更好地促进人的发展，或者说我们是基于人的发展来定位学科实践的价值的。如果离开了人的发展，学科实践将失去教育学的价值和意义。

（3）学科实践的对象是经过教育学改造的学科场景，学生面对的是特殊的实践客体和实践对象。学科实践是对学科研究的一种模拟和效仿，学生需要像学科专家一样学习和研究学科，但又不能走学科专家的实践路子，这就需要对学科专家的实践进行必要的提炼、简化，既保留学科研究的探索性、开放性，又凸显学科研究的学习性和教育性。总之，要通过教育学改造使学科实践的方向、路径更加清晰明确，减少实践探索的盲目性、模糊性和随机性，提升学科实践的效率、安全性和质量。

二、学科实践的教育学意蕴

学科实践是指向人自身成长和发展的实践，它在本质上就是一种学习，这种学习是在基于学科、通过学科和为了学科的过程中进行和完成的。

（一）学科实践是一种学习活动（学习性）

学习活动相对于研究活动，犹如认识相对于实践。学习活动具有研究性但本质上不是研究活动，学习活动的宗旨是实现学习者个体的成长和发展，研究活动的目的是解决问题和创造成果。现在很多学校一谈到实践，都习惯列举各种各样的成果，而往往忘掉了实践主体身心素质的变化和发展。学科实践是一种培养人的学习活动，它本质上就是一种学习，是学生的一种成长历练。

学科实践是一种学习，相对于传统的认知学习，这种学习是一种学生在场的学习。具体而言，就是身体参与和亲身经历的学习，也就是现代认知科学所倡导的具身学习。具身学习是学生身心全面参与的学习，它获得的不仅仅是知识，更重要的是经验。学生在学科实践中获得的经验、感受力、感悟力是极其宝贵的"个人知识"，没有"个人知识"，公共知识就难以转化为学生的核心素养。所谓"实践出真知"，讲的也是这个道理。这个"真"就是学生的真实的理解、感受和见解，没有实践参与的学习往往获得的只是"假知"，即死记硬背的知识，简单地说就是学生没有感觉的知识，知识对学生而言只是符号和概念。

总之，我们之所以强调学科实践，是因为学科实践被证明是一种更高阶的学习，是一种更丰富的学习，是一种更能激活学生活力和创造力的学习，总之是一种更能体现学习本质的学习，因而也是一种更有助于学生发展的学习。通过学科实践改造现行的学校学习，是当前育人方式变革的要求。

强调学科实践是一种学习，指的是学生的学习必须通过实践、基于实践、为了实践。毋庸置疑，我国现行的学校学习存在的突出问题就是"认识有余、实践不足"。"认识"占据了教学的主要时空，成为学生完成学习任务的主要形式，并在根本上对学生的学习产生影响；"实践"则只是教学活动的点缀，几乎无法对学生的学习产生实质性的影响。这是对"认识"与"实践"的本末倒置。原本应该起基础性和决定性作用的"实践"却在实际的教学过程中受到"认识"的不断排挤、压制甚至于被取代，从而弱化为可有可无的活动。这样的课堂教学实在难以培养素质教育倡导和强调多年的实践能力和创新精神。实践能力和创新精神只有在实践和充满创新性的学习之中才能得以培育,离开实践活动和创新活动,实践能力和创新精神的培养就成了缘木求鱼。我们总是错误地认为认识是基础,认识提高了,"双基"打扎实了,各种能力包括实践能力就自然而然地得到提升。这就是我们"坐而论道"的教学形态和育人模式的认识根源。现在走进了培养核心素养的新时代,这个问题就更加彻底地暴露出来。不解决这个问题,核心素养就会落空。

(二)学科实践要体现学科的精气神(学科性)

学科实践是一种学习,这种学习是以学科的方式进行的,可以说它是一种基于学科、通过学科、为了学科的学习。学科实践是学科(学习)的实践性与实践(活动)的学科性的有机统一。

学科实践之所以强调学科,一是要防止实践活动的泛化、浅化。没有学科元素的介入和参与,实践活动就可能虚化、空化。二是要凸显学科的独特育人价值。学科实践是学科的一种育人活动,学科实践是以学科育人为旨趣的,我们之所以强调学科实践,就是因为我们认为只有学科实践才能有效地挖掘和展现学科的独特的育人价值,从而在学科层面促进学生核心素养的发展。一旦偏离学科育人价值,学科实践就会走入误区。也可以说,学科育人价值是上位的,是学科实践的方向和归宿。作为一种学习方式,<u>学科实践强调"学科性"</u>,它要求用学科独特的方式方法来学习学科,<u>用语文的方式学习语文,用数学的方式学习数学,用科学的方式学习科学,用体育的方式学习体育</u>,这也就是我们平常所说的"学科味"。设想一下,语文课没有阅读鉴赏、数学课没有逻辑思维、科学课没有实验探究、体育课没有运动出汗,这种丧失学科特质的学习必然带来学习价值的丧失。正如崔允漷教授所强调的,每个学科都有自己典型的学习方式,如果物理不碰物(物体)、化学不见化(变化)、生物不懂生(生命),用不言语的方式学语言,用不道德的方式学品德,用不艺术的方式学艺术,那么就只能学到学科的皮毛和符号。[1]我们认为，尊重并彰显学科的独特性、体现学科的精气神，是学科实践进而是学科育人的核心要义。

从学科的角度说，学科实践是一种基于学科文化并体现学科精气神的学习活动，学科实践不是一般性的实践，而是在学科理论引领下的有针对性和教育性的实践。学科实践是以学科的方式进行的一种学习活动，这意味着不同学科的实践特征及其表现形式必定有所不同。那种学科特有的实践活动是挖掘学科育人价值和培育学生学科核心素养的根本路径。

第二节　学科实践的载体和抓手

从课程的角度说，学科实践的意蕴是改变知识内容的组织和呈现方式。其中最典型的就是语文课程。语文课程标准明确指出：义务教育语文课程内容主要以学习任务群形式组织和呈现。设计语文学习任务，要围绕特定学习主题，确定具有内在逻辑关联的语文实践活动。语文学习任务群由相互关联的系列学习任务组成，共同指向学生的核心素养发展，具有情境性、实践性、综合性特点。[2]历史课程标准在教学建议第四条"设计有助于核心素养形成和发展的教学过程"中明确要求，从以下几个方面设计教学过程：创设历史情境、明确学习任务、提出探究问题、开展史料研习、组织历史论证。[3]

---

[1] 崔允漷.学科实践：学科育人方式变革的新方向［J］.人民教育，2022（9）：30-32.
[2] 中华人民共和国教育部.义务教育语文课程标准（2022年版）［S］.北京：北京师范大学出版社，2022：19.
[3] 中华人民共和国教育部.义务教育历史课程标准（2022年版）［S］.北京：北京师范大学出版社，2022：58-59.

改变知识内容的呈现方式,目的是使知识成为学生实践和探究的对象,而不是学生认识和记忆的对象,这样的学习活动会使知识与素养建立内在的联系。"核心素养本质上是解决复杂问题的能力。这只能通过让学生置身真实问题情境,亲历复杂的问题解决过程而培养。这里有没有'双基'的掌握与熟练?当然有。但这是学生在解决问题的过程中间接获得的。这里再一次验证了杜威在100年以前说过的名言:知识的学习是探究活动的'副产品'。当'双基'的学习成为间接过程和解决复杂问题的'副产品'的时候,'双基'的熟练与核心素养的发展就成正比关系。当'双基'的学习脱离探究与实践而直接进行(通过直接教学而'内化''双基')的时候,'双基'的熟练就与核心素养的发展成反比。素养本位的课程改革并不反对知识技能的熟练,反对的是这种'熟练'以泯灭学生的个性和创造性等核心素养为代价。"①

一、情境

情境与知识究竟是什么关系?为什么要把知识融入情境?德国一位学者有过一个精辟的比喻:将1.5克盐放在你的面前,无论如何你都难以下咽。但当1.5克盐被放入美味可口的汤中,你在享用佳肴时,就将盐全部吸收了。情境之于知识,犹如汤之于盐。盐需溶入汤中,才能被吸收;知识需要融入情境之中,才能显示出活力和美感。简单而言,作为"汤"的情境与作为"盐"的知识在教学活动之中具体表现出以下关系。

---

① 张华. 论核心素养的内涵 [J]. 全球教育展望, 2016 (4): 22.

(一)实际事物与文字符号的关系

情境指的是实际事物,知识指的是文字符号。学生不论学习什么知识,都要透过语言文字、符号图表,把它们所代表的实际事物想清楚,以至想"活"起来,从而真正地把两者统一起来。从教育心理学的角度讲,这样的学习就是有意义的学习。相反,如果学生只记住一大堆干巴巴的文字符号,而没有理解其中的实际内容,这样的学习便是机械的学习。教学情境以直观方式再现书本知识所表征的实际事物或者实际事物的相关背景,显然,教学情境反映的是学生认识过程中的形象与抽象、实际与理论、感性与理性以及旧知与新知的关系和矛盾。捷克教育家夸美纽斯曾说:"一切知识都是从感官开始的。""在可能的范围以内,一切事物都应该尽量地放到感官跟前。一切看得见的东西都应该放到视官的跟前,一切听得见的东西都应该放到听官的跟前。……假如有一件东西能够同时在几个感官上面留下印象,它便应当和几种感官去接触。"[①]他认为这是教学中的"金科玉律"!虽然这种论述未免有绝对化之嫌,但的确反映了教学过程中学生认识规律的一个重要方面:直观可以使抽象的知识具体化、形象化,有助于学生感性认识的形成,并促进理性认识的发展。特别是在小学阶段,学生形象思维占优势,教师更应该注意创设情境。如在教学面积单位时,为了让学生初步建立1平方米、1平方分米、1平方厘米的面积概念,就可以让学生说说生活中哪些物体的表面约为1平方米、1平方分米、1平方厘米。通过观察、比较、判断,学生基本上知道一张饭桌面约为1平方米,一个小学生的手掌面约为1平方分米,一个小学生大拇指的指甲面大约为1平方厘米。将面积单位与学生比较熟悉的物体相联系,学生对这三种面积单

---

① 夸美纽斯.大教学论[M].2版.傅任敢,译.北京:人民教育出版社,1984:156.

位就有了深刻的认识。①

（二）生活与科学的关系

情境是生活（前科学），它指的是学生在日常生活中获得的知识、经验以及形成的观念、想法，可以称为生活常识。知识是科学，它指的是经过理性加工的一门学科及其知识体系。要把学科知识内容置于学生生活常识和经验之中进行学习，使两者发生有机的相互作用，从而引领和帮助学生借助生活常识和经验（前科学）来理解和吸收科学知识，同时借助科学知识来改造和提升学生的生活常识和经验。以化学学科为例："化学教育要回归生活世界。这并不是要庸俗化地、简单地用'生活世界'来统领学校教育，而是在学习化学知识之前，教师应紧密联系学生已有的生活经验，调动其个体知识。比如，空气、水、有机化合物、金属材料、非金属材料、化工生产等，均与学生的生命活动、衣食住行等休戚相关。其次，利用化学知识、原理培养学生洞察生活中化学问题的能力，养成一种敏锐的'化学眼光'。比如，引导学生设计健康的饮食方案、污水等废物的处理与绿色化学、迷信的揭秘与科学素养、食品与药物等的安全感知等，以使学生更好地理解化学与生活的共生关系。第三，将生活世界里的复杂性与科学世界里的逻辑线性进行比较，让学生感知科学发现与科学知识之间的关联。总之，科学世界里系统的、客观的、逻辑的知识并不是一蹴而就的，而是人们在丰富的生活世界里，通过思考、激情和想象等个体的、主观的和漫长的努力而获得的。"② 值得强调的是，生活常识与科学知识有时候是一致的，是相互支持的，有时候又是相左的。学习是主客体的相互作用，是学生内在经验的组织和改造。从学生角度讲，学习过程是学生从经验（感性）

---

① 洪玲. 数学教学生活化的思考 [J]. 江西教育, 2003（9）: 23.
② 吴晗清，郑冬梅. 化学教育价值及其实现 [J]. 教育理论与实践, 2014（2）: 54-55.

到理论（理性）、从生活（世界）到学科（世界）、从常识层次到科学层次的转化、提升过程。有效的学习必须基于学生的经验、生活、常识，只有从学生的经验、生活、常识开始，理论、学科、科学才会在学生身上扎根，才会转化为学生的素养。著名科学教育专家罗星凯有过精彩的阐述：我们的学生到底是怎么掌握科学知识的？一般认为是我们教会的，我们不教，他们怎么会呢？而事实上，学生并不是带着一个空空的脑袋来到科学课堂，对于不少问题，他们心中早已有了自己的一套"理论"。最要紧的是，这些常常与科学理论相悖，同时也往往被我们不屑一顾或认为不堪一击的"理论"，却是学生长期经验加智力活动的产品，是他们"心中的科学"。对于不少内容，灌输式的科学教学实际上是用对于学生来说外加的甚至怪异的科学知识去与学生基于好奇的天性而自发探究所获得的成果进行竞争！因为有科学的权威、教师的权威以及考试的权威，我们可以暂时领先。但这样的胜利不仅很快会成为过眼烟云，而且为它所付出的代价，不是学生心灵上对科学的排斥甚至厌恶，就是学生科学精神的缺失。在科学探究性学习中，学生自己的理解应该得到充分的尊重，因为它们是学习的起点和贯穿始终的最活跃的因素。学习实质上就是学生自己的想法、他人的观点以及观察实验结果之间直接互动的过程，经历这样的过程，学生才可能通过认知冲突体会到个人理解的局限性和科学理论的优越所在，为前者向后者的转化铺平道路。否则，岁月很快会冲刷掉学生心中被硬贴上去的东西，留下的只有他们自己的"科学"。[①]

（三）背景知识与教材内容的关系

情境是背景知识，是与教材内容相关联的知识的总称。背景知识与教材内容的关系不如旧知与新知的关系那样密切、直接，它们之间没有必然

---

① 罗星凯.实施科学探究性学习必须正视的问题[J].全球教育展望，2004(3)：43-46.

的逻辑联系，但背景知识同样是学生学习和理解教材内容的一种重要的认知停靠点（背景）。没有必要的背景知识，阅读思考往往无法有效和深入进行，背景知识越丰富，阅读理解和思考的水平就越高。

课堂教学中的背景知识主要包括：（1）作者介绍。俗语说得好，文如其人，对人（作者）的介绍必定有助于对文（作品）的理解。（2）时代背景。文章的时代背景有助于学生深入理解文章的内在含义。（3）历史典故。课堂教学中恰当地引入那些趣味横生的文学典故、数学史趣闻、科学家逸事等，对促进学生的有意义学习是很有益处的。

上述类型并没有穷尽教学情境的外延。总之，教学情境是多种多样、丰富多彩的，因而对其也就有多种解读和定义。如乔纳森在《学习环境的理论基础》一书中，对情境做过这样的描述："情境脉络利用一个熟悉的参考物，帮助学习者将一个要探究的概念与熟悉的经验联系起来，引导他们利用这些经验来解释、说明和形成自己的科学知识。"[1]荷兰数学教育家弗赖登塔尔在《数学教育再探——在中国的讲学》一书中也提出关于情境的理论。他认为情境包括以下几种：场所（即有意义的情境的堆积）、故事（可以是一个真实的故事，也可以是一个经典的或虚构的特别例子）、设计（即被创造的现实）、主题（即一个与现实具有多种联系的数学的分支）、剪辑（即从各种印刷品上发现的人们遇到的与数学有关的麻烦）。[2]对于我们来说，重要的是抓住教学情境的实质和功能：促进学生的有意义学习！

从教学的角度讲，"所谓知识的情境化，就是指教师在教学过程中有意识地引入或创设一定的情境，把知识转化为与知识产生或具体运用的情境具有相似性结构的组织形式，让学生参与、体验类似知识产生或运用过

---

[1] 乔纳森.学习环境的理论基础［M］.郑太年，任友群，译.上海：华东师范大学出版社，2002：13.
[2] 贾友林，张齐华.少些"追风"，多些思辨：关于"创设情境"的一段教学经历与思考［J］.人民教育，2006（8）：26-28.

程的情境，从而直观地、富有意义地、快乐地理解知识或发现问题乃至创造知识。把知识还原到情境中，情境化会使学习者直观到知识的原始形式，增强感受力，也同时增强理解力，甚至还会增强创造力。知识教育的情境化不仅仅是为了提高知识接受的效率，还能够使知识的内涵丰富地呈现在学习者面前。抽象知识脱离了知识产生的具体情境，知识丰富的情境内涵被抽象掉了，直观、形象、生动的知识形式转化为单一、枯燥、抽象的形式，于是理解起来也可能产生错位，或者晦涩难懂"[1]。

我们知道，中小学的书本知识一般做了"去情境化"处理，知识形成的背景、过程等真实、具体、生动的细节被大大简化，剩下了由特定符号、术语所表达的概念、定律、原理及支撑这些概念、定律、原理的"事实"，其中不乏为了突出所谓"本质特征"而人为编造的"事实"。这样处理的本意在于突出基础、主干，排除非本质因素的干扰，提高课堂学习的效率，但将知识过度简单化，易造成书本知识学习与现实生活的脱节，给人纸上谈兵的感觉。[2]

在情境教学（学习）中，"学生是通过自己的身体来认识世界的，教学的出发点不是课本、不是抽象的知识，而是学生身体与自然、社会、他人和自我的相互作用。教师创设教学情境，让学生在情境中生发自己对事物的原初性的感受，表达身体对事物的体验，激发他的感性思维和内在探究事物的渴望和能力；而不能用概念来代替学生的知觉，不能用语言来代替事物本身。用教学活动、教学情境和生活情境来刺激学生的身体感知，调动学生的眼、耳、口、鼻、手、身等多角度、多方面的体验知觉外部世界，注重口动、手动、眼动、耳动、身动的互动和结合来激发学生学习兴趣，培养学生良好学习行为习惯，使学生能自然地释放身体和情感，提高学习

---

[1] 陈理宣.论知识的结构形式选择与知识的教育形式生成[J].课程·教材·教法，2014（11）：51.

[2] 柳夕浪.面向未来的课堂[N].中国教师报，2016-06-08（4）.

质量"[1]。

情境与知识的关系就是汤与盐的关系，情境的本质是让知识变得可感可觉、看得见摸得着，从而实现文字符号与实际事物的有机统一，进一步说，就是实现现象与本质、形象与抽象、感性与理性、知识与背景（条件）的统一。新课标在教学提示中专门对学科知识的情境化提出了要求，即提出了"情境素材建议"，如物理"物质"主题的教学提示中的情境素材建议如下[2]。

"物质"主题与自然现象、生产生活密切相关。下面侧重提出与物态变化、物质密度、古代科技等相关的常见情境素材建议。

①与物态变化相关的素材：自然界中的雨、露、霜、雾、冰、雪等现象，都是由于水的物态发生变化而形成的；将装有酒精的密封塑料袋先后放在热水和冷水中，能观察到明显的汽化和液化现象；夏天从冰箱冷藏柜拿出的饮料罐表面会出现水珠，从冷冻柜取出的物品表面会结霜；吐鲁番的坎儿井能有效减少水的蒸发；给汽车水箱加注防冻液，以防冬天水箱结冰。

②与物质密度相关的素材：影视剧拍摄中倒塌的楼房、滚落的石块等道具通常是用泡沫塑料制作的，这利用了泡沫塑料密度小的特点，可避免对演员造成伤害；体育竞赛中的铅球，则是用密度大的材料制成的，这能使相同质量的球体积更小；运用密度知识可鉴别身边的一些物质。

③与古代科技相关的素材：冶铁技术的出现，为人类大规模制造工具、机械提供了材料支持，使人类文明向前迈出了一大步；我国古人利用天然材料加工制成了纸张、火药，利用磁性材料的特性制成了指南针。

---

[1] 杨晓. 让"身体"回到教学 [J]. 全球教育展望，2015（2）：7.
[2] 中华人民共和国教育部. 义务教育物理课程标准（2022年版）[S]. 北京：北京师范大学出版社，2022：13-14.

历史中"中国现代史"主题的教学提示如下①。

中国现代史即中华人民共和国的历史，是距离学生最近的历史。教师要努力从历史课程本身的特点出发，将中国现代历史的发展历程置于整个中国历史长河中去理解，引导学生认识中国特色社会主义道路源于中国特色的历史发展道路。要通过适当的教学设计，既以古代、近代的历史帮助学生理解现代史，又以现代史帮助学生理解古代、近代的历史。

由于中国现代史教学承载社会主义核心价值观教育、社会主义先进文化教育、革命文化教育、中华优秀传统文化教育、法治教育、国家安全教育、民族团结进步教育、生态文明教育等方面的任务，教师在教学过程中要特别注意寓论断于叙事，将相关理念和内容有机地融入历史过程的讲述。

在教学中，教师要注意选取贴近社会、贴近生活、贴近学生的情境素材，以加深学生的情感体验和实际感受；要开发和利用多种多样的课程资源，如重要的会议文献、历史著述、口述材料、英模事迹、有重要意义的建筑和场所、反映社会生活变化的物品，以及图像影视材料等；要引导学生积极、主动地搜集和运用身边的学习资源。

学生在学习中国现代史的过程中，可通过下列活动提升核心素养。

• 开展社会调查。通过实地考察和访谈，获取多方面信息，深入了解改革开放以来人民生活和社会的变化，形成调查报告，进行交流。

• 搜集、整理英雄事迹和劳动模范的史料，为社会主义建设英模立传，叙述他们的嘉言懿行和精神风貌。在此基础上，举办英模事迹展览、报告会等活动。

• 开展口述史的学习活动。通过对家庭中的长辈进行访谈，搜集家庭的老照片和老物件，查阅相关的历史记载，形成口述史的材料集。在此基

---

① 中华人民共和国教育部.义务教育历史课程标准（2022年版）[S].北京：北京师范大学出版社，2022：26-27.

础上，选择一个主题，撰写口述史文章。

• 进行有关中国现代史的数据检索和统计。通过互联网、图书馆、博物馆等，搜集与国计民生有关的统计数据，如中华人民共和国成立以来国内生产总值、国家财政收入、国家外汇储备、进出口总额、城乡居民储蓄等方面的统计数据，绘制成统计表，运用统计表中的数据说明现代中国社会发展的情况。

• 搜集、整理有关抗美援朝精神、铁人精神、雷锋精神、"两弹一星"精神、改革开放精神、抗疫精神、脱贫攻坚精神，以及杂交水稻、载人航天等方面的图文材料，以制作展板，设计墙报，举行讨论会、报告会等多种方式，宣传并交流。

• 进行专题研究。选定研究的主题，如"新中国外交事业的发展""中华民族大团结和铸牢中华民族共同体意识""军队建设与国防力量的增强""社会主义文化事业的繁荣""大国重器""从基础建设看国家的现代化发展"等，通过搜集、整理相关的图文、影视材料，撰写研究报告，举办专题论坛，交流研究成果。

• 开展项目学习，特别是围绕党史、新中国史、改革开放史、社会主义发展史中的重要内容，如"社会主义革命和建设的伟大历史成就""中国综合国力增强的具体表现""中国的国际影响力不断提高""中国特色社会主义进入新时代以来的新发展"等，尝试搜集身边的直接而鲜活的资料，形成项目学习的研究报告或小论文，举办项目学习成果研讨会、报告会。

二、问题

知识与问题的关系是思维与知识的关系，问题的本质就是让思维动起来，从而打通从表层知识到深层知识的通道。

问题是科学研究的出发点，是开启任何一门科学的钥匙。没有问题就不会有解释问题和解决问题的思想、方法和知识，所以说，问题是思想、方法与知识积累和发展的力量，是新思想、新方法、新知识生长的种子。学生学习同样必须重视问题。现代教学论研究指出，从本质上讲，感知不是学习产生的根本原因（尽管学生学习是需要感知的），学习产生的根本原因是问题。没有问题，就难以诱发和激起求知欲；没有问题，感觉不到问题的存在，学生就不会深入思维，学习就只能是表层的和形式化的。

传统教学以知识线索（逻辑）展开学生的知识学习过程，学生面对和获得的往往是死板僵化和封闭的书本知识，这样的知识学习不利于学生思考力的发展。基于问题的学习，其精神实质就是要实现知识学习路径的翻转，即让学生的学习从依据"知识线索"翻转为依据"问题线索"，把"让学生在知识线索中学习知识"转变为"让学生在问题解决中学习知识"。[①] 问题是培养思考力的引擎，思考起于问题。杜威说过，思想观念不可能由一个人传给另一个人，那种传输可能窒息理智的兴趣、压制思维的努力。一个人只有考虑问题的种种条件，寻求问题的解决方式，才能真正地开始思维；只有开始思维，他才能真正地学习，才能形成自己的知识。[②]

那么，教学中的问题是怎么来的？教学中学生的问题可以分为以下三类。一是学生在认识过程中特别是在阅读、理解中产生的困惑、疑难，这是由学生认知水平的局限造成的。发现、提出并解决这些疑惑，学生的认识就能得到发展和提高，所谓"小疑则小进，大疑则大进"。简而言之，这是"是什么"的问题，是疑难（感到困惑）的问题。

二是学生对学习对象和内容本身提出疑问、怀疑、批判，拷问和检索文本、教材和知识本身的科学性、严谨性、合理性、正当性。这是学习中

---

① 李松林. 培育学科核心素养的三个教学问题[J]. 教育科学研究, 2017（8）: 5-9.
② 金生鈜. 苏格拉底的"不教"之教[J]. 教育发展研究, 2018（6）: 1-5, 23.

最有挑战性的问题，也是对学生思维能力发展促进最大的问题。简而言之，这是"为什么"的问题，是质疑（批判）的问题。

三是学生在运用所学知识过程中所产生的各种认识困难和障碍，学生的学习能力和解决问题的能力正是在与这些困难和障碍的斗争中逐步提高的。简而言之，这是"怎么办"的问题，是学以致用的问题。

教学中的问题必须来自学生，如果学生不能发现或提出问题，没有形成问题意识，思考就不会发生了。现行课堂教学中也有问题，但主要是教师的问题，是教师围绕和服从于知识教学的需要而提出的问题，这样的问题难以诱发学生自主和深度的思考，因而无助于学生思考力的发展。我们并不否定教师的问题，关键是教师提出的问题是否契合学生的认知？是否能激发学生的兴趣？简而言之，是否就是学生心中的问题？当然，学生发现和提出问题也需要教师的示范和引导，但教师示范和引导的着力点一定要放在促进学生自主发现和提出问题上。只有当学生能够自主发现和提出问题，并使之成为一种学习习惯时，基于问题的教学范式才能真正建立起来。

著名小学数学教育专家吴正宪提出"让儿童在问题中学数学"的观点。她指出：儿童是充满好奇心的，他们的学习过程就是一个不断地发现和提出问题、分析和解决问题的过程。正如一个儿童这样描述自己对学习的理解："学习就是你带着很多很多的问题，然后尝试去解决它们，接着又产生了很多很多新的问题，再去解决，如此反复的过程。"因此，儿童的问题作为方向、动力和途径，将一直引领着学习的发生和深入，我们应该鼓励儿童在问题中学习。我们提倡儿童基于自己的真实问题开展学习，具体包括三个要点。第一，学会提问：发展儿童发现和提出问题的意愿与能力是学习的重要目标。第二，因问而学：真正的学习从儿童发现和提出问题开始，不断产生问题也成为学习的动力。第三，问学交融：儿童一方面在不断发现、提出、分析、解决问题中，学习、应用和发展所学的知识与方法；另一方面在学习过程中不断发现和提出新问题。这里特别需要注意的是，我们要密切关注儿童的问题是"真实"的问题吗？他们是出于好奇心提出问题，还是将已经知道的答案转换为问题的形式提出来？儿童有时会根据要求提出已经知道答案的"习题"，它的作用更多的是帮助巩固所学的知识和方法，这无疑是有价值的，但并不是我们所期待的"问题"。问题的重要特征是：儿童想要知道，但不能直接获得答案或者解决方案，解决问题的过程有助于他们产生思考和自己的发现。总之，我们期待着儿童能在提出问题中学习，用问题引领儿童的学习过程，用问题激发儿童的好奇心与自信，用问题引领儿童的探索与交流，用问题引领儿童的思考与实践，用问题引领儿童的发现与创造。①

美国优秀教师格蕾塔曾说过，如果一定要说教学有什么诀窍的话，那就是问题。当教师能够不断向学生提问并得到回答的时候，就已经接近想要达到的目标了。孩子具有天生的好奇心，所以问题教学法百试不爽。下面让我们看看美国的中学老师是怎样设计教学问题的。

案例分享：

美国中学关于南北战争的问题②

①你是否同意林肯总统关于美国不能存活除非它的国民全部解放或全部被奴役的声明？解释。

②解释为什么北方白人反对奴隶制，南方白人拥护奴隶制，但他们都感觉是在为自由而战。

③内战期间，女人开始从事很多男人以前从事的工作。你能对内战造成的社会、经济和政治冲突做出怎样的概括？

---

① 余文森. 核心素养导向的课堂教学［M］. 上海：上海教育出版社，2017：219.
② 看到题就傻眼 美国中学生作业难倒中国老爸［EB/OL］.（2013-05-19）［2022-07-10］. https://m.163.com/edu/article/8V7T47VS00294IIH.html.

④设计一个讨论，运用历史证据来支持或反对下面的观点：美国内战是地区差别带来的不可避免的结果。

这些问题不是对课本知识的记忆性的考查，没有要求简单机械地背诵和复述历史课内容，它们是必须在全面了解史实的前提下进行深入思考才能解答的问题。对这些问题的解答不仅能够反映学生对美国南北战争历史的了解情况，而且体现了学生的独立思考。在问题的探究过程中，学生获得了对南北战争更深入的理解。

问题是学生思维的引擎。学生在课堂中的思维就是围绕着问题展开的。这里的关键是问题的质量（深度），核心是学生的思维。通过问题教学激发和培养学生的批判性思维是深度教学的突出表现。批判性思维具有以下特性。

第一，基于事实和证据。重证据是学习各门学科知识首先要树立的思维基本点。以历史学科为例，"如果说历史是一门科学，它的客观性就是建立在证据基础之上的。尊重历史首先是尊重历史证据。历史的独立思考也只有建立在证据基础上才叫思考"[①]。

第二，独立思维。所有知识都经由自己的独立思考而获得，要想透彻、想明白，不盲从、不依赖。

第三，不懈质疑。不论对别人的观点还是对自己的观点，都要有质疑的意识。要认识和承认自己的局限性，对复杂的问题有好奇心和耐心。但不能为了质疑而质疑，也不能陷入怀疑主义，质疑是为了更好地相信。

第四，多元意见。意识到很多问题是复杂的，要以开放的心态，平等对待不同角度的观点。要对别人的观点感兴趣，而不是只想着怎么说服别人。不要觉得自己的观点才是最优秀的，但这也绝不是说一定要全盘接纳别人的意见。

---

① 孙立田，任世江.论历史思维能力分类体系［J］.历史教学，2014（11）：5.

第五，理性判断。理性，就是不被感情操纵，能经过深思熟虑，做出明智的判断。在理性判断的基础上，做出决策、解决问题、采取行动。[1]

案例分享：

任务群视域下阅读策略单元的教学转向
——以四上第二单元"学习提问"为例[2]

本单元为阅读策略单元，属于"实用性阅读与交流"学习任务群。

学习主题：疑则有进。

在这个学习主题的引领下，设计三个有关联的学习活动——提问知多少、提问有策略、提问助读写，三者形成递进关系。围绕每个学习活动任务，安排了丰富而细致的学习内容。

这样师生在本单元的学习过程中，就能够一直沉浸在真实的语言运用情境中，从关于"提问"的提问开始，到具体的提问策略，再到提问的自主运用与意义体验，学生的整个身心都投入在语文实践活动之中。

	学习活动	学习内容	课时
学习主题：疑则有进	提问知多少	1. 回顾"提问"的经历 2. 阅读语文园地中的"日积月累" 3. 阅读短文《学与问》 4. 对"提问"的提问，梳理提问结构图	1课时
	提问有策略	学习课文《一颗豆荚里的五粒豆》《夜间飞行的秘密》《呼风唤雨的世纪》，并结合语文园地和补充的相关阅读短文，学习建构提问策略	6课时
	提问助读写	1. 阅读课文《蝴蝶的家》，自主提问，解决问题 2. 练习习作"小小'动物园'"。练习前提问：如何写出彩？交流时提问：修改如何有方向？	3课时

---

[1] 我们在说批判性思维的时候，到底说的是什么？［EB/OL］.［2023-08-20］.https://www.sohu.com/a/109841273_177272.

[2] 李欣.任务群视域下阅读策略单元的教学转向：以四上第二单元"学习提问"为例［J］.小学教学设计·语文，2022（9）：65-67.内容有删改。

活动一：提问知多少。教师引导学生回顾自己已有的提问经验，让学生感知提问就在身边，自己对提问并不陌生，并就"提问"进行提问，初识"提问"这个大概念。初步了解提问应该包括提问的意义、提问的时间、提问的角度、问题的表述、问题的梳理、问题的解决等维度。

活动二：提问有策略。教师先以一篇课文为例，让学生自主提问，然后让他们对照下面的表单梳理分析自己提问的情况，分析哪些能够做到，哪些是难点。

提问的类型	在符合的选项后面打"√"
提问的时间	边读边问（部分提问）（　　）　　读后提问（整体提问）（　　）
提问的角度	内容（　　）　　写法（　　）　　启示（　　）　　其他（　　）
提问的内容	不理解的地方（　　）　　需要特别关注的地方（　　）
问题的梳理	被认为有价值的问题多（　　）　　被认为有价值的问题少（　　）
问题的解决	能够解答提出的问题（　　）　　不能解答提出的问题（　　）

依据学生的提问情况，教师将课文菜单式地呈现在学生面前，针对学生提问过程中的难点，整体进入，重点突破，指导学生体会如何边读边问、多角度提问、筛选问题、解决问题，进而逐步深度建构提问策略。

活动三：提问助读写。学生阅读课文、拓展资料，自主进行提问，并尝试解决问题，感受阅读时从不同角度思考、提问对理解课文的帮助。习作时，尝试自己设计问题作为支架，在真实的习作过程中，感受提问对习作的帮助。

最后，制定评价表。

三、任务

所谓任务，通俗地说，就是要完成的事情、工作。对应地，所谓学习任务，就是给学生"派的活儿"、让学生"做的事情"。学生通过做事进行学习，是任务教学的本质，其中做事是"手段"，学习是"目的"。相对于情境、问题，任务凸显的是做与学、知与行的关系，通过做去学，通过行去知。任务强调的是做中学，即在实际动手操作活动中学习，"其对象是实际事物或学习者自身身体器官动作，而不是文字符号、他人或事物的形象；形式是实际动手操作，而不是言语行为或静听、静观、静思。操作学习主要在两种活动中展开，一种是工具性的操作活动，它以物质性的工具作用于实际事物，如制作、实验、劳动、工具游戏、雕塑、绘画和器乐演奏等；另一种是身体器官活动，其特征是，活动者以自身身体器官的动作为操作对象，如唱歌、跳舞、戏剧表演和各种体育活动等"[1]。

正如陶行知先生所言："单单劳力，单单劳心都不能算是真正之做。真正之做须是在劳力上劳心。"[2]学生的学习肯定不能仅仅是"劳力"，学习的核心是动脑，没有动脑就不是真正的学习，但是单纯动脑肯定也是学不好的。所以真正之做犹如真正之学，必须是"劳力上劳心"，动手与动脑相结合。陶行知先生特别强调手脑并用的意义，他说："人生的两个宝，双手与大脑。用脑不用手，快要被打倒。用手不用脑，饭也吃不饱。手脑都会用，才是开天辟地的大好佬。"[3]苏联教育家阿莫纳什维利也说过："儿童单靠动脑，只能理解和掌握知识，如果加上动手，他会明白知识的实际意义，如果再加上心灵的力量——认识的所有大门都将在他的面前敞开，知识将成为他能动地改造和创造的工具。"[4]中国有"纸上得来终觉浅，绝知此事要躬行"和"纸上得来终觉浅，心中悟出始知深"的古训。杜威的做中学理

---

[1] 陈佑清，李丽.操作学习的发展价值及其局限性[J].教育科学研究，2004（12）：9.
[2] 中央教育科学研究所.陶行知教育文选[M].北京：教育科学出版社，1981：79.
[3] 陶行知.知行诗歌集[M].北京：海豚出版社，2012：112.
[4] 阿莫纳什维利.孩子们，你们生活得怎样？[M].朱佩荣，高文，译.北京：教育科学出版社，2002：58-59.

论更是全面深刻地阐述了动手的价值和意义，他认为个体要获得真知，就必须在活动中主动去体验、尝试、改造，必须去"做"，因为经验都是由"做"得来的。好的教育不是给学生一堆知识去学去记，而是给他们一些事情去做去完成，通过做事学到的知识更扎实！

之前看过一位语文老师布置的"特殊暑假作业"，这些作业就是任务。为什么呢？我们对此做简要的评点。

（1）学做一道荤菜，最好是红烧鱼或者糖醋鱼，并详细记录学习过程、准备过程、实践过程及结果，记录好家人给予的评价和自己的感受。（如果不是亲自学做而是上网下载菜谱，就不是"任务"了。这里的做就是亲自做菜。）

（2）观看电影《活着》（张艺谋导演）、《站台》（贾樟柯导演）、《大河恋》（罗伯特·雷德福导演），并写出一篇综合三部电影的感想。（这里的做就是"看"，就是亲自看电影。如果不是亲自看电影，而只是看别人写的影评，就不是任务。当然只看电影而不写感想，也不是"任务"，这个任务就表现在"写"上。）

（3）认识5种植物、5种动物、5个国家，并能向家人介绍。（这里的任务不仅仅在"认识"，关键在于"介绍"。就像"让学生回忆一本书的情节"是一种认识活动，而不是任务。如果将它改为"回忆并向同学介绍书中的情节"，那就是任务了。）

（4）学唱汪峰版和平安版的歌曲《我爱你中国》，并写出一篇探讨两者之间异同的文章。（这里的任务在"学唱"和"写出"。）

（5）阅读莫言在诺贝尔文学奖颁奖仪式上的发言稿，并探析其结尾三个故事的含义。（这里的任务在"阅读"和"探析"。）

（6）采访一位70岁以上的老人，用编年体的形式记录他的一生。（这里的任务在于"采访"和"记录"。）

四、项目

新修订的义务教育课程方案，提及"项目"两次。一次是"加强课程内容的内在联系，突出课程内容结构化，探索主题、项目、任务等内容组织方式"。这是从课程角度说的。另一次是"探索大单元教学，积极开展主题化、项目式学习等综合性教学活动"。这是从教学角度说的。无论从哪一个角度出发，"项目"背后隐藏的价值取向是一样的，即素养导向、单元设计、真实情境、知识整合。

相对于任务，项目这个词要"高大上"一点。完成一个任务似乎要简单一点，做一个项目则要复杂一点。我们平常一谈项目，首先想到的则是方案、设计、作品（产品）。也就是说，项目学习不是轻而易举可以实现的。通过项目来学习，一定意味着该学习的内容、过程、要求都是比较复杂的，当然这样的学习对学生的能力要求肯定较高，因而对学生的发展特别是核心素养的形成具有特别重大的意义。设想一下，学生都可以做项目了，什么样的学习还能难倒他？项目学习是对学生学习能力最好的历练。

项目处理的是学习过程之中"输入"和"输出"的关系。学进去，创出来。如果说任务强调做中学，学习的重要标志是"做"，那么项目则强调"输出"学习，学习的重要标志是"作品"呈现。也就是说，项目学习最终一定要有学生的作品、创意和设计，这是一种有学生贡献和创造的学习，而不是纯粹的输入-接受式的学习。这是一种把学习和研究、接受与创造完美结合的学习。

项目学习和问题学习、任务学习一样，往往需要借助问题进行。但是，问题学习往往强调的是问题的思维价值，即思维的参与和思维的训练、培养；任务学习往往强调的是问题的实际解决，即在实践中、在操作中可视可见地解决问题；而项目学习则强调问题的产品性和输出性，也就是问题最终导向学生的自我创造和自我贡献，问题是引子。如果说问题学习强调输入性（理解性）问题，任务学习强调表现性（操作性）问题，那么项目学习则强调输出性（表达性）问题。有学者曾把问题分为由何、是何、为何、如何和若何五类。由何类问题关注事物或现象是从哪里来的、在什么背景下产生的，即事物或现象产生和存在的背景；是何类问题关注事物或现象是什么；为何类问题探寻现象背后的原因，即"为什么"；如何类问题是寻求解决方案的问题，即"怎么办"；若何类问题是最高级别的问题，即假设某种情况发生后会产生怎样的结果。[1] 相对而言，由何、是何、为何类问题是问题学习中的问题形态，如何类问题是任务学习中的问题形态，若何类问题是项目学习中的问题形态。

总之，"作品"和"问题"是项目学习的两个内核。

美国巴克教育研究院项目式学习计划把项目学习定义为："使学生能够通过一段时间的调查研究来回应真实、有趣且复杂的问题、难题或挑战，并公开展示他们的项目成果，从而获得知识和技能的一种教学方法。"[2] 所以有效地开展项目学习，最重要的是设计好驱动性问题、确定好项目主要作品和公开展示的方式。该书对这两项工作给予了非常有指导性的阐述。

拓展阅读：

PBL 中如何设计好的驱动性问题和创作作品[3]

第一，好的驱动性问题应符合三条准则。

（1）能吸引学生参与。

---

[1] 胡佳怡.从"问题"到"产品"：项目式学习的再认识[J].基础教育课程，2019（9）：29-34.

[2] 美国巴克教育研究院项目式学习计划.项目式学习指导手册：每个教师都能做 PBL：中学版[M].潘春雷，陆颖，译.北京：中国人民大学出版社，2022：10.

[3] 同[2] 55-63.有删改。

- 学生能听懂问题,并且问题听上去具有启发性、趣味性、重要性。
- 适合参与该项目学生的年龄、背景、所在的社区等。
- 听起来不像是教师或课本常常会提出的典型问题。
- 能引导学生提出进一步的问题并开始探究过程。
- 根据项目的不同,通过将问题关联当地的场景,或者让学生感受到采取行动的责任感,使项目更具参与度。
- 在适当的情况下,提出问题时要使用"我"或"我们",而不是"你"或"学生",以此培养学生的主人翁意识。

(2)开放性。

- 问题要有多个可能的答案,并且答案要具有原创性;学生无法简单地用搜索引擎找到答案。
- 答案要有复杂性,需要学生收集信息和运用批判性思维。
- 问题可以是一个是非题,但必须有详细的解释或理由。

(3)与学习目标对应。

- 要回答这个问题,学生需要学习项目指向的目标知识,并练习关键的成功技能。
- 问题并非简单地复述课标内容。但在不会过于冗长或打消学生积极性的前提下,可以采用课标中的语言。
- 问题不要设置得太宽泛,所涉及的知识不要超过合理时间内能学习的容量(例如,谁是美国最好的总统?全球变暖可能对地球上的生命产生什么影响?)。

第二,学生要创作什么作品?

我们虽然用"作品"一词,但这并不总是意味着它一定是一个有形的物体。它可以是学生创造的任何东西,可以是一次活动、一项服务、一次演示或者一场表演。有很多很多不同类型的作品,然而对于特定的项目,你需要问自己一个关键问题:"这个作品是真实的吗?"在同样的情况下,校外人士也会创作出这样的作品吗？它有真正的用途吗？它是针对特定受众或终端用户的吗？

以下是一些不同类型作品的例子。

书面作品：研究报告 信件 宣传册 脚本 书评 培训手册 数学／工程分析 博客 科学研究／实验 视频／动画 网站内容 计算机程序／应用程序 电子故事／漫画 社论

媒体与技术作品：录音／播客 幻灯片 素描／绘画 拼贴画／剪贴簿 影像式小品文 视频／动画 分镜 网站 计算机程序／应用程序 电子故事／漫画 社交媒体宣传活动

构建性作品：小型模型 消费品 小装置／机械 车辆 发明 科学仪器 博物馆展览 建筑物 花园

展示：演讲 辩论 口头陈述／答辩 新闻广播 专题小组讨论会 舞台剧／戏剧表演 诗歌朗诵／讲故事 音乐作品／舞蹈 讲课 公共活动 商品宣传语

规划性作品：提案 商业计划书 设计案 投标或估价 蓝图 时间轴 流程图

除了真实性问题之外，还有一些选择项目作品时需要考虑的其他方面。

（1）作品是否提供了足够的证据来证明学生已经完成了项目指向的学习目标，是否需要组合多种作品才能体现学习目标。

（2）作品是否可行。

（3）哪些作品由学生个人创作，哪些作品以团队的形式完成。

（4）学生能够选择他们想要创作的作品，还是将创作相同的作品。

（5）学生要如何公开展示他们的作品。

第三节　学科实践的形态与表现

从教学的角度说，学科实践的意蕴是改变学生学习的方式和路径，其核心要义就是强调教学是学生的活动过程。简而言之，学科实践就是要求学生以学科活动的方式进行学习。活动就形式而言，包括外在活动和内在活动；就实质而言，包括感性活动和理性活动。外在活动和感性活动具有外显性，是主体与客体之间直接的、实际的相互作用和相互对象化的过程；内在活动和理性活动则具有内隐性，是主体在大脑中进行的建构和思维。如果说外在活动是看学生实际"做"了什么、"做"得怎样，内在活动则是看学生"想"了什么、"想"得怎样。活动化教学强调学生通过外在活动和内在活动，经历感性认识和理性认识，进行学习、实现发展。只有把外在活动和内在活动、感性认识与理性认识有机结合起来，才能完整准确地理解活动（活动化）的内涵和意义，否则就会出现理解和实施上的偏差。例如：窄化，把活动局限于外在活动；浅化，把活动局限于感性认识；泛化，把学生所做的所表现的一切都称为活动。

学科活动指的是学科完整学习所需要的一系列认知的、社会的和行为的活动。从教学的角度讲，学科活动这一概念蕴含这样几个意思。

一是强调学生通过活动、通过自身的参与来学习，而不是由教师进行直接的讲解和传授。学生是活动的主体，学习是学生的自我活动（自我生成的过程），教师是无法替代的。学习不仅要求学生用自己的大脑思考，而且要求学生用自己的眼睛看、用自己的耳朵听、用自己的嘴说话、用自己的手操作，即用自己的身体去亲自经历，用自己的心灵去亲自感悟。教师不能代替学生读书，代替学生观察、实验、分析、思考，代替学生明白任何一个道理和掌握任何一条规律。

二是强调必须通过经历一定的过程和完成一定的任务进行学习并获得知识，而不是直接从教科书上获得结论。活动是一种过程，这是最重要的。学生的学习是不可以走捷径的，一定要经过几道程序、几个步骤和几个环节，就像产品的生产过程和人的饮食过程一样。在这个过程中可能会遇到各种各样的问题和障碍以及挫折和挑战，但它们是学生学习和成长必须承受的代价。

三是强调体验、感悟是活动的内涵。"有活动没体验"，活动就变成一种形式、空壳，没有实质性的意义。学生的感受和体验是活动的内在本质特征，也是激活知识的主要渠道。"感受是个体对经历的过程、活动对象及其关系在情感态度等方面的反应与评价。体验则是在感受的基础上发生的意义建构与价值生成。"[①]感受、体验意味着生命的参与，即学生身体、精神全面参与活动，学生在活动中有所感、有所悟，这样的活动才能让学生有收获、有成长。也正因为这样，活动过程中所承受的代价才是值得的。

学习活动是外在活动与内在活动、感性认识与理性认识的有机结合，这是就活动的共性而言的。在不同学科之中，活动有其个性，即学科性。

语文活动即以语言为内容、以听说读写为形式的实践（言语活动）。有教师指出："现在很多语文课堂不是由教学活动和学习活动组成的，而是内容的堆积、问答的罗列、形式的呈现、概念的演绎和结论的传递，甚至就是由一个个题目和一个个答案组成的一堂课。而从课堂教学的基本要求看，语文课堂教学必须由语文活动组成。"[②]语文活动即听说读写的言语实践活动，是培养语文能力的主要途径。如同要学会游泳必须亲自下水一

[①] 张华龙.体悟学习：塑造人文精神的基本学习方式［J］.课程·教材·教法，2003（3）：50.

[②] 黄厚江.把语文课上成语文课［J］.语文建设（中旬刊），2013（5）：5.

样，语文能力只有在语文实践活动中才能得以形成和发展。语文教学应让学生从聆听中学习聆听，从说话中学习说话，从阅读中学习阅读，从习作中学习习作，在引导学生感知语言、理解语言、品味（鉴赏）语言、运用（迁移）语言中培育与发展言语智慧和语言素质，舍此别无他途。言语性是语文活动的根本属性，即语文活动是围绕言语（以言语为对象）进行的感性认识和理性认识相结合的一种学习活动。自主性是语文活动的基本属性，学生是语文学习活动的主体，语文学习从根本上说是学生自己阅读、自己思考、自己体验、自己评鉴、自己感悟、自己反思、自己总结、自己提升、自己完善的过程。识字与写字、阅读与鉴赏、表达与交流、梳理与探究是义务教育阶段学生语文学习活动的基本形式，教师要通过这些语文活动，促进学生在文化自信、语言运用、思维能力、审美创造几个方面获得进一步的发展。

数学活动是学生经历数学化过程的活动，是学生学习、探索、掌握和应用数学知识的活动。按照弗赖登塔尔的观点，数学化包括两种：一是水平数学化，即从生活世界中抽象概括出数学概念、数学原理等数学模式的过程，是从"生活世界"到"数学世界"的转化过程。二是垂直数学化，即从现有的数学世界中抽象概括出更高级的数学模式的过程，是从底层数学到高层数学的过程。数学化的过程实际上也是感性认识和理性认识循环提升的过程，是发展学生数学思维的过程，是培育学生数学素养的过程。"数学素养是主体在经历的数学活动中产生的，它难以通过传授与习得来获得，其生成依赖于主体对数学的体验、感悟、反思和表现。"[1]正如弗赖登塔尔所强调的：数学学习是一种活动，这种活动与游泳、骑自行车一样不经过亲身体验，仅仅通过看书本、听讲解、观察他人的演示是学不会的。

---

[1] 梅松竹.PISA 2012数学素养精熟度水平评价研究［J］.教育测量与评价（理论版），2014（3）：29.

科学活动是科学探究（科学实践）的活动。"让学生经历真正的科学探究的过程"是科学活动的本质。科学活动的核心环节是"提出猜想与假设"和"设计实验与验证"，只有当学生真正参与了这两个环节，才有真正意义上的科学探究。这是因为，提出猜想与假设是科学活动中"最具奥妙、最有魅力的一段。这种最终能得到实验证据支持的假说就是通向发现的护照"①。绕过了这"最具奥妙、最有魅力的一段"，科学活动就没有了"魂"。设计实验与验证同样也是科学活动中激动人心的一段，遗憾的是在教学过程中，它往往不是被教师包办代替就是被省略了。其中验证需要理性的思维和推理。说到底，科学活动也是感性认识和理性认识有机结合、互相促进的过程。

历史活动是以史料搜集和解释为核心的一种学习活动。没有这两个环节，历史学习也就只剩下历史结论和概念的死记硬背了。史料的搜集和历史现象的感知是外在的历史活动、感性的历史活动，而历史解释、历史思考（特别是批判性思维）则是内在的历史活动、理性的历史活动，这两种活动缺一不可。反观我们现实的历史教学，往往只有"形式"而无"实质"，既缺乏对历史的感性认识也缺乏对历史的理性认识，没有活动、没有过程，只有知识、只有结论。

地理活动是以地理实地考察和地理认知思维（区域认知、综合思维）为中心的学习活动。地理实地考察强调现场的学习活动（野外实践），这是一种外在的感性认识的过程。地理认知思维则是在此基础上的理性加工的过程，其特点是区域认知和综合思维。新的义务教育地理课程标准强调"教学活动要强化基于真实体验的地理实践活动"，"教师要努力创造条件，组织学生开展地理实践活动，如地理实验、社会调查和野外考

---

① "科学探究性学习的理论与实验研究"课题组．探究式学习：含义、特征及核心要素［J］．教育研究，2001（12）：56．

察等，使学生有机会在真实环境中经历体验式学习。七年级、八年级应至少各组织一次户外地理教学实践活动。地理实践活动的设计和实施要与课程内容相结合，让学生体验'认知——实践——深化认知'这一完整的地理实践过程"。①

道德与法治活动的本质是学生知行合一的过程，知行分离、割裂都不是我们要培养的品质。新的义务教育道德与法治课程标准在教学建议第四条强调教学要致力于"丰富学生实践体验，促进知行合一"。具体而言，"教学要与社会实践活动相结合，加强课内课外联结，实现隐性课程与显性课程相结合。注重案例教学，选择、设计和运用个人和社会生活中的典型实例，鼓励学生探究、讨论，提高学生的价值辨析能力"，"要积极探索议题式、体验式、项目式等多种教学方法，引导学生参与体验，促进感悟与建构"，"通过参观访问、现场观摩、志愿服务、生产劳动、研学旅行等方式走向社会，增进学生对国情、社情、民情的了解，增强爱国情感。鼓励学生在社会实践中扩展自己的视野，提升自己的能力，学以致用，知行合一"。②

体育活动是"学、练、赛"的有机结合。新的义务教育体育与健康课程标准在教学建议第三条要求教师"设计完整的学习活动。教师要摒弃说教课、'放羊课'、安全课、单一技术课、测试课等，设计目的明确、内容丰富、情境真实、方法多样、互动良好的完整学习活动，将'学、练、赛'有机结合，引导学生在充分动起来的过程中享受运动乐趣，形成丰富、深刻的运动体验，在做中学、学中思、思中得"。③

---

① 中华人民共和国教育部.义务教育地理课程标准（2022年版）[S].北京：北京师范大学出版社，2022：36.
② 中华人民共和国教育部.义务教育道德与法治课程标准（2022年版）[S].北京：北京师范大学出版社，2022：49.
③ 中华人民共和国教育部.义务教育体育与健康课程标准（2022年版）[S].北京：北京师范大学出版社，2022：123.

信息科技活动的本质是在学生使用信息科技的过程中发展学生信息科技的核心素养，促进学生在数字世界与现实世界中健康成长。新的义务教育信息科技课程标准在课程理念第四条明确要求倡导真实性学习："创新教学方式，以真实问题或项目驱动，引导学生经历原理运用过程、计算思维过程和数字化工具应用过程，建构知识，提升问题解决能力。注重创设真实情境，引入多元化数字资源，提高学生的学习参与度。支持学生在数字化学习环境下进行自我规划、自我管理和自我评价，鼓励'做中学''用中学''创中学'，凸显学生的主体性。"①

艺术活动是艺术实践的表现。新的义务教育艺术课程标准在课程内容部分明确指出："艺术实践包括欣赏（欣赏·评述）、表现（造型·表现）、创造（设计·应用）和联系/融合（综合·探索），是学生学习艺术、提升艺术素养必须经历的活动和过程。学习内容是学生在艺术实践中需要掌握并有效运用的基础知识和基本技能。学习任务是艺术实践的具体化，是学生在现实生活或特定情境中综合运用所学知识、技能等完成的项目、解决的问题等。"②

劳动本身就是一种实践活动。新的义务教育劳动课程标准在课程理念第四条要求"倡导丰富多样的实践方式"。课程标准明确指出："劳动课程强调学生直接体验和亲身参与，注重动手实践、手脑并用、知行合一、学创融通，倡导'做中学''学中做'，激发学生参与劳动的主动性、积极性和创造性。注重引导学生从现实生活的真实需求出发，亲历情境、亲手操作、亲身体验，经历完整的劳动实践过程，避免单一、机械的劳动技能训练，避免简单的劳动知识讲解，避免缺少实践、过于泛化的考察探究。注

---

① 中华人民共和国教育部. 义务教育信息科技课程标准（2022年版）[S]. 北京：北京师范大学出版社，2022：3.
② 中华人民共和国教育部. 义务教育艺术课程标准（2022年版）[S]. 北京：北京师范大学出版社，2022：14.

重引导学生通过设计、制作、试验、淬炼、探究等方式获得丰富的劳动体验，习得劳动知识与技能，感悟和体认劳动价值，培育劳动精神。"[1]

英语活动是一种言语活动。新的义务教育英语课程标准将英语教学过程的本质定位为学生英语语言的实践活动，确立了崭新的英语学习活动观。它还明确将英语活动分为以下三类。

首先是学习理解类活动。从学生语言学习的过程来说，学习理解主要指向"语言输入"，这是语言学习的第一步，没有输入就没有加工和输出。但是，输入不是简单的复制、移植和死记硬背，它是学习理解的过程。学习理解的本质是语言的内化过程，是从书本走向学生的心理过程。从教师的视角说，教师要根据语篇的性质和特点通过创设情境激发学生学习的欲望和动机，同时铺垫必要的语言和文化背景激活学生已有的知识经验和学习经验，使之能与新语篇发生实质性和有机性的联系，实现新旧语言知识和新旧文化知识的相互作用和相互转化。学生在这个过程中"通过获取与梳理、概括与整合等活动，学习和运用语言知识、语言技能，从语篇中获得与主题相关的文化知识，建立信息间的关联，形成新的知识结构，感知并理解语言所表达的意义"[2]。对语言的学习理解是其他语言实践活动的基础，没有对语言的学习理解，应用实践和迁移创新都无法有效进行。

其次是应用实践类活动。学习理解是语言的输入，应用实践则是语言的加工。应用实践类活动是学生在学习理解类活动的基础上，凭借已形成的新的知识结构和获得的新的语言知识"开展描述、阐释、分析、应用等多种有意义的语言实践活动，内化语言知识和文化知识，加深对文化意涵

---

[1] 中华人民共和国教育部.义务教育劳动课程标准（2022年版）[S].北京：北京师范大学出版社，2022：3.
[2] 中华人民共和国教育部.义务教育英语课程标准（2022年版）[S].北京：北京师范大学出版社，2022：50.

的理解，巩固结构化知识，促进知识向能力的转化"[1]。应用实践类活动是学生语言能力和智慧形成的关键环节和核心环节，语言知识和语言技能只有在应用实践中才能不断被激活，不断转化为学生的语言经验和技巧，进而发展为学生的语言习惯和语言能力。

最后是迁移创新类活动。迁移创新是语言的输出，是学生语言实践活动的最高层次。语言学习的最终目的就是输出和表达，也就是迁移和创新。就语篇学习而言，学习理解强调基于语篇，应用实践强调深入语篇，迁移创新强调超越语篇。超越是迁移创新的本质。学生能够超越具体的文本和具体的情境，将习得的语言知识和技能迁移表现在更广泛的场景和更陌生的情境之中，这就是迁移；如果学生还能够根据新情境新问题新任务的要求，有机地整合各种语言知识和技巧，创造性地提出自己的观点和看法，呈现出别出心裁的表达效果，这就是创新。

综合而言，学习理解类活动是最基础的语言实践活动，应用实践类活动是最核心的语言实践活动，迁移创新类活动是最高级的语言实践活动，三者构成了相对完整的英语学科实践活动[2]。

新的课程标准明确指出了语文、英语和艺术三个学科的学科实践活动的基本要素和主要环节，其他学科实践活动的基本要素和主要环节需要我们结合学科的特性和实践的经验进行提炼和总结。

---

[1] 中华人民共和国教育部. 义务教育英语课程标准（2022年版）[S]. 北京：北京师范大学出版社，2022：50.

[2] 俞聪妹. 基于核心素养的英语教学深化改革[J]. 中国教育学刊，2023（8）：41-43.

第六章

从知识点教学走向大概念教学，推进大单元大主题教学

知识的统整化、结构化、整合化是提升知识活性、品质进而让知识转化、内化为核心素养的关键环节。新课标通过提炼大概念和推进大单元教学来实现知识的统整化、结构化、整合化。《义务教育课程方案（2022年版）》在第五部分"课程实施"的第二条"深化教学改革"中要求："探索大单元教学，积极开展主题化、项目式学习等综合性教学活动，促进学生举一反三、融会贯通，加强知识间的内在关联，促进知识结构化。"

第一节　从知识割裂走向知识统整

从知识点教学走向大概念教学，其本质就是从知识割裂走向知识统整。传统教学坚守"从单个知识点的识记到理解到应用的认知路径"。例如，数学的"知识点教学"坚持"一个定义，三项注意，几个例题，大量练习"的做法；语文的"挖坑式教学"坚持教师在规定的课时里教完一个个生字新词、一篇篇课文、一次次习作，学生看似完成了识字、阅读、写作等任务，但语文素养却始终没有形成。① 过度强化"知识点"，会导致教学中的"细节主义"和"平均用力"。整体虽然由细节构成，但是，如果学习者过于关注知识点的细节，整个活动就会走向失败。"如果我们把注意力聚集在这些细节上，我们的行为就会崩溃。"② 遗憾的是，在传统的教学中，学生常常被要求去关注知识学习和技能学习的细节。教学中常见的问题是，教学者或指导者常常不由分说地将"细节"引入烦琐的讲解、讨论，或者将它们引入那些以填空、简答、名词解释、多项选择等为内容的频繁的练习或考试中。"细节"一旦被不恰当地突出为"焦点"之后，学生常常会陷入"怯场""焦虑"等低迷的情绪中③。此外，强化知识点的教材代表了一种平均用力的教学节奏、一种割裂化的思维。这是什么意思呢？这种教材编

---

① 朱晓进. 著名特级教师教学思想录：小学语文卷［M］. 南京：江苏教育出版社，2012：721.
② 波兰尼. 个人知识：迈向后批判哲学［M］. 许泽民，译. 贵阳：贵州人民出版社，2000：84.
③ 林秋玉，刘良华. 立足于自然法的教学改革及其行动研究［J］. 全球教育展望，2015（2）：11-19.

排方式，不仅在形式上意味着课与课之间的割裂，更在理念和行为上限制了一线教师以整体的、结构化的、联系的方式看待课与课之间的关系。①

乌申斯基指出，"智慧不是别的，而是一种组织得很好的知识体系"②。碎片化的知识、孤立的知识是没有价值的。学者鲍鹏山曾指出，"当知识不成体系时，它是无用的，只是碎片"③。值得强调的是，长期接受碎片化的信息，容易使人习惯于用孤立的知识去看待问题，最终会弱化人对复杂事物的思考能力。这才是问题的要害之处。要记住：即使你拿回来一百万颗知识的砂砾，也只能聚成沙漠，有组织的知识才是核心竞争力。

那么，如何让知识从割裂走向统整？第一，要尊重和重视学科知识本身的结构性（联系性）；第二要注重和强化学生学习的组织性（建构性）。

一、要尊重和重视学科知识本身的结构性（联系性）

学科知识不是学科各个知识点的简单的排列和堆积，而是一个有结构的有机整体。"学科之所以为'学科'而不是简单概念与知识要点的堆砌，其中非常重要的原因在于学科有着自己独特的结构，学科知识之间存在着不可割裂的内在联系，掌握了学科的关系与结构，学生就能从整体上把握学科及学科知识。"④

所谓结构，简单地说，就是事物的联系，它表现为组织形式和构成秩序。我们知道，整体功能大于各要素功能之和，而这恰恰是由整体内部各

---

① 陈洪杰. 教材不是学生的全世界［J］. 小学教学研究，2016（8）：9-12.
② 赞科夫. 教学论与生活［M］. 俞翔辉，杜殿坤，译. 北京：教育科学出版社，1984：41.
③ 鲍鹏山. 决定境界的不是知识［J］. 环球人物，2015（10）：76.
④ 贺慧. 回归课堂原点的深度学习引论［J］. 基础教育课程（上半月刊），2015（12）：10.

个要素间的有机的联系（结构）所决定的。知识间的这种内在联系是客观存在的，它反映在科学知识本身的逻辑关系以及人类认识科学知识的序列之中。对此，我们可以从静态和动态两个方面加以进一步理解：在静态方面，学科知识应该形成经纬交织、融会贯通的网络，这样能够帮助学生在头脑中将知识"竖成线，横成片"，或"由点构成线，由线构成面"，从而形成由点、线、面筑成的立体式的整体知识结构网络。这样不但有助于记忆，而且使学习变得容易。在动态方面，学科知识应该形成一个具有很强自我再生力的开放系统，以充分挖掘学科知识结构区别于科学知识结构的特有的功能。为此，教材、教法必须合理地设置孕伏关系，使前后内容互相蕴含、自然发展，在思想上为学生提供一个由已知到未知的通路。这样，有利于学生形成一个具有生命力的处于运动中的思维网络，从而不仅能够深刻领会各个概念的实质，也能够掌握蕴含在概念相互关系中的各种推理思维模式。

总之，学科结构强调的是学科知识的整体联系性。正如刘庆昌教授所言：任何知识总处于联系之中，每一个知识都有其他知识与它相联系，否则我们就无法理解它的产生和它产生的意义。打个比方，每个知识都有自己的"近亲"和"远亲"，近亲是与它联系最紧密的知识，远亲与它的联系则较远。教师在课堂中最好能够呈现知识的"亲缘"关系图。如此，知识在学生的头脑中就不再是孤立的，会立刻生动起来。过去老师常讲，学知识要像串糖葫芦一样，而不能像用布袋装山药蛋，说的就是要注意所学知识间的联系。我们提出知识"亲缘"关系图，还希望超越规定的教学内容，把学生带到更广阔的知识海洋中。①

著名小学数学教学专家马芯兰根据知识的内在联系和儿童智力发展的规律，突出教材中那些最基本的概念、法则和原理，并以此为中心，从纵

---

① 刘庆昌. 课堂里的精神空间［J］. 当代教育与文化，2011（6）：22-28.

和横两个方向进行重新调整与组合，把有关的、有联系的知识串联在一起，做到有纲有目，使之成为一个新的比较好的知识结构。她将小学阶段"数与代数""空间与图形""统计与概率"三个领域 610 多个基本知识点（概念），统整为 93 个"生态教学"课例，并采用"迁移、渗透、交错、训练"的新教学方法，突出能力培养，特别是数学能力的培养，取得十分突出的效果。仅用 4 年时间，就很好地完成了小学 6 年的教学任务。学生解题思维敏捷，技能熟练，学得轻松，成绩好、能力强、后劲足。[1]

二、要注重和强化学生学习的组织性（建构性）

美国著名认知心理学家奥苏贝尔认为：学习的实质就是学生认知结构的组织和重新组织。组织和重新组织的过程就是新旧知识相互联系、相互作用的过程。那么这种相互联系、相互作用的过程又是如何实现的呢？同化论的创立者把它解释为学习者头脑中原有知识固定点的作用。所谓固定（anchor），就是"拴住"的意思，固定点就是"锚桩"的意思，它起着接收并拴住新知识的作用（新知识好比一条船）。那么，原有知识为什么能起到固定（拴住）新知识的作用呢？那是因为它们之间存在着相似因素。所以，说到底，同化机制就是指主体认知结构中原有知识与新学习内容之间存在着一种相似性效应。一般说来，人们学习效果的好坏，主要取决于学习者认知结构中有没有与当前新学习内容相似的观念，以及相似的角度和程度如何。奥苏贝尔据此提出如下著名的命题："如果要我只用一句话说明教育心理学的要义，我认为影响学生学习的首要因素，是他的先备知识。

---

[1] 施剑松. 马芯兰的减负实践［EB/OL］.［2023-07-10］. http://www.moe.gov.cn/jyb_xwfb/moe_2082/s7081/s7312/201304/t20130412_150467.html..

研究并了解学生学习新知识之前具有的先备知识,配合之以设计教学,从而产生有效的学习,就是教育心理学的任务。"[1]值得强调的是,相似并不等于相同,相似是客观事物发展过程中存在的相同与变异矛盾的统一。新知识就是由"相同"与"变异"构成的一个有机整体,同化过程正是借助新旧知识相同点的"混合",而连接或固定住了相异点。这样,通过同化,新知识被纳入学习者的认知结构,获得了心理意义,从而丰富了原有的认知结构;而原有的认知结构经过吸收新知识,自身也得到了改造和重新组织。正因为如此,奥苏贝尔把有意义学习看成认知结构的组织和重新组织。

组织就是建构,学习就是知识的建构过程,就是寻找、发现知识的联系的过程。联系是一种学习过程、学习方法,也是一种能力,它意味着学生能看出知识的相同点和不同点,即在不同知识之间看出相同点和在相同知识之间看出不同点;能看出知识的各种联系,包括直接联系(显性联系)和间接联系(隐性联系),特别是能从似乎没有关联的知识之间看出彼此的内在联系。这才是知识学习和知识建构的根本。俗话说,最高的智慧是从不同中看出相同,从相同中看出不同。学习的最高智慧就是发现和寻找不同知识的相同点,即所谓把书越读越薄、越读越容易。

"联系"是万物包括知识的本质属性;"组织"是学生学习的本质属性,组织是联系的高级表现形式。

---

[1] 张春兴.教育心理学:三化取向的理论与实践[M].杭州:浙江教育出版社,1998:219.

第二节　大概念的内涵和意义

大概念也称大观念，英文是 big idea。大概念是新课标的一个关键词，它蕴含着新课标的诸多改革理念，是理解新课标和实施新课标的一个关键支点。值得一提的是，有些学科的课程标准不提大概念，而是出现诸如核心概念（core concept）、关键概念（key concept）、学科（基本）观念、学科思想等提法，本节都将其纳入大概念的范畴。也就是说，虽然它们的提法和名称不一样，但本质是一样的。大概念是实现知识统整的有效路径。

一、大概念的内涵

（一）知识论视野的大概念：大概念是一种"特殊"的知识

从知识论的角度说，大概念是一种知识，但是一种"特殊"的知识，其特殊性表现在：它是共性的知识（是相关知识的共性部分），是抽象的知识（是相关知识的上位知识），是深刻的知识（是相关知识的基础知识）。从这个角度说，如果我们找到了一个主题所有知识的共性知识、上位知识或基础知识，那么我们也就找到了这个主题学习的大概念。

1. 大概念是一种共性的知识（是相关知识的共同点）

大概念作为一种知识，不同于具体的知识点，是各个具体知识点共性的东西。各个知识点或不同知识都有各自的内涵和特征，它们是知识学习的重要对象和内容。大概念则是一个特定主题所涵盖的知识体系之中共性的东西，也就是不同知识的共同点。所有知识都是"共性与个性""相同与不同"的矛盾统一体，有意义学习的同化原理就是强调借助于知识之间的相同点来学习不同点。大概念作为知识之间的共性点，能够把各个不同的知识点有机地串联起来。值得强调的是，知识之间，包括单元内知识之间、学科内知识之间特别是学科外知识之间，往往不存在一种绝对的相同，更多的是具有一种相似性。比如各种平面几何图形的高是相同点，而平面图形的高与立体图形的高则有一种相似性。相似之中还有不同类别事物的相似与同类别事物的相似，如鲁班从草叶上的一排尖齿拉破手指，而想象到用铁制的锯来拉断木头，依据的是不同类别事物之间的相似；而像教学中同一单元的不同章节之间以及同一单元的例题与习题之间的相似，则属同类事物的相似。学习之中的迁移本质上就是抓住知识的相同点或相似点进行拓展性、结合性、开创性学习。

2. 大概念是一种抽象的知识（是相关知识的上位知识）

任何一门学科都是一个知识的系统，这个系统可以被比喻为一座山或金字塔。一门学科的知识体系是按照知识的抽象程度排列的，其中处在山顶或塔尖的是这门学科中最抽象的知识，处在山底或塔底的是这门学科的事实、材料，也就是最具体的知识。

从知识之间的横向联系看，大概念指的是其相同点或相似点；从知识之间的纵向联系看，大概念指的是其上位点。显然，大概念是个相对的概念，是指概括性、包容性、统摄性更强的知识。每个单元都有自己的大概念，单元的每一篇、每一节都是由单元大概念派生出来的具体知识点，也可以说单元的每一个具体知识内容都指向单元大概念，单元大概念与各个知识点构成上下位关系（即各个知识点是单元大概念的下位概念）。根据奥苏贝尔的有意义学习理论，如果学生了解和掌握（初步掌握）了大概念，再学习单元的各节具体内容，这种学习就叫派生类属学习。派生类属学习是由抽象到具体、由本质到现象、由一般到特殊的学习。通过派生类属学习，大概念得到不断的丰富和具体化，具体知识内容获得了理解和意义，这种学习是效果最好的一种有意义学习。当然，从相反的角度说，学生也可以先学习具体的知识内容，然后从中概括和抽象出对应的大概念，这样的学习就叫总括学习，它是一种由具体到抽象、由现象到本质、由特殊到一般的学习。没有大概念的统领、整合、组织和提升，知识点就会成为一盘散沙。总之，大概念位于学科知识金字塔的顶端，其抽象性、概括性、包容性最高，解释力最强，对下位知识具有很强的组织力和解释力。

在教学中，教师可以有意识地帮助学生建构单元知识结构。例如，教师在讲解完"实数"这一章节后引导学生按照定义和符号建构"实数概念"知识网络图，使知识更加系统化（见图6-1、图6-2）。通过引导学生对实数进行不同方式的分类，进一步增强学生的分类观念，加强学生对实数概念的深入理解，使之初步形成整体性的认识。这样的建构有利于学生数学知识的活化，促进核心素养的落地。[①]

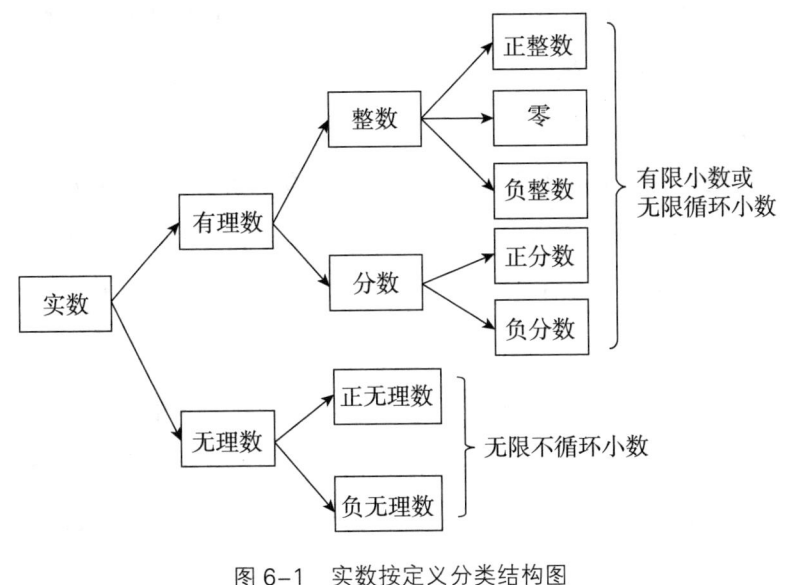

图6-1 实数按定义分类结构图

[①] 韩婧.核心素养背景下数学知识活化的意义与策略[J].教学与管理，2023（1）：39-42.

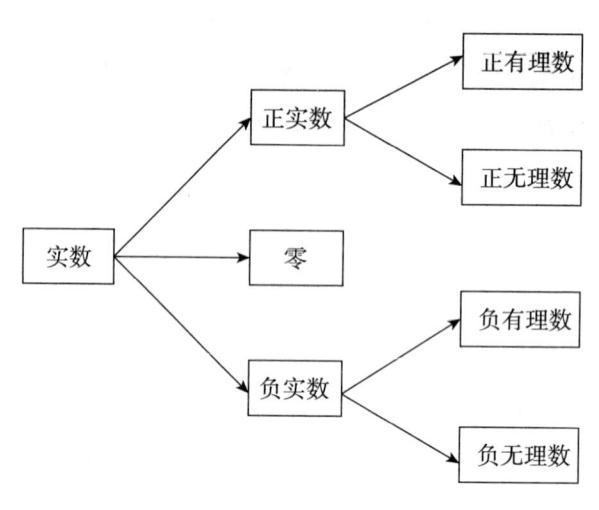

图 6-2　实数按符号分类结构图

3. 大概念是一种深刻的知识（是相关知识的基础知识）

抽象性强调的是包容性和涵盖性，简单地说，就是谁包括谁，谁在上位，谁在下位；深刻性强调的是基础性和渊源性，简单地说，就是谁是源头，谁是基因，谁决定谁。如果把一门学科或一个单元的知识比喻成一棵树，那么树根就是最基础的知识，是源头的知识，它就是大概念；其他知识就是树干、树枝、树叶，它们的源头和基础是树根。如果把学科比喻为一栋房子，房子的地基就是大概念，房子能够建多高是由地基决定的。借用生物学的术语来说，大概念就是学科知识体系的细胞核，它内含遗传密码，最具再生力、生发力和预示力，它是最具活性和繁殖力最强的一种知识类型，是其他一切知识得以生发的土壤。如果说学科知识具有"内核＋围绕带"的结构，那么，大概念就位于其中心圈层，其他知识则依照与大概念的逻辑关系依次排列在它的外围。在这一结构中，其他知识构成了核心知识的生存背景与着生土壤，成为将之凸显出来的光屏。可以说，一切外围知识都是学习者逼近核心知识，并最终将之消化、理解的助力器[①]。从

---

① 龙宝新. 走向核心知识教学：高效课堂教学的时代意蕴[J]. 全球教育展望，2012（3）：19-24，62.

生命的视角说，大概念就是受精卵，是生命的源头；更进一步说，大概念是基因，它支持着生命的基本构造和性能，储存着生命孕育、生长、凋亡等过程中的全部信息。受精卵和基因让我们知道生命是怎么来的，大概念让我们知道知识是怎么来的。没有大概念，我们可能就不知道知识的源头、依据，那么知识学习就只能就事论事，就像我们只能从肌肉、骨骼这个水平认识生命一样，那是没有深度的。

（二）认识论视野中的大概念：大概念是一种思想方法和认识工具

从认识论的角度说，大概念是一种思想方法，是一种认识工具、认识策略。任何有效的认识活动都是在思想观念的引领下借助相应的方法、工具、策略展开的。我们可以把一个主题的知识学习活动所涉及的思想观念以及所需要借助的认识方法、工具、策略视为该学科的大概念。

1. 大概念是一种学科方法、学科思想

大概念指的是反映学科本质及其特殊性的、构成学科框架的概念，它是"一种高度形式化、兼具认识论与方法论意义、普适性极强的概念；大概念已经不再仅仅是一个简单词汇，它背后潜藏着一个意义的世界，它超出了一个普通概念的应有内涵与外延，作为一种深刻思想、学说的负载体，已成为'思想之网'的联结枢纽"[1]。

学科思想与方法是学科专家提出的对尔后学科发展和学科学习最具影响力的那些观念、思想和见解，是"知识"背后的"知识"，是学科的精髓与灵魂。[2]就学科的构架而言，学科方法、学科思想就是学科的大概念。具体而言，学科方法是人们学习学科知识和应用学科知识的思维策略或模式，只有掌握了学科方法，人们才能快速有效地获取学科知识和求解学科问题。

---

[1] 赵康.大概念的引入与教育学变革[J].教育研究，2015（2）：40.
[2] 李松林，杨静.基于学科思想方法的整合性教学研究[J].中国教育学刊，2011（1）：43-46.

学科思想是人们通过学科活动对学科基本问题形成的基本看法，也是人们在对学科知识和方法做更进一步认识和概括的基础上形成的一般性观点，它是人们分析和解决学科问题过程中思维活动的导航器。关于学科方法、学科思想与学科知识的关系，有人以树为例进行了说明：学科知识是树叶，学科方法是树枝，学科思想是树干。树叶是从树枝上生长出来的，也就是说，学科知识需要通过学科方法才能得出。就像树枝长到一定程度就变成树干一样，学科方法进一步升华就可以形成学科思想，学科思想比学科方法更重要、更有价值。从学科教育的层次上看，学科思想教育居于学科方法教育的上位。大概念承载着学科重要的思想观念和思维方法，正如邵朝友和崔允漷所指出的，"大观念居于学科的中心位置，集中体现学科课程特质的思想或看法"[①]。

我们认为，学科方法是学科思维的"硬件"，学科思想是学科思维的"软件"，它们都基于学科知识，又高于学科知识，与学科知识具有不可分割的辩证统一性。任何学科知识"不仅是外部现实客观规律的反映，而且更为重要的是知识中凝集了千百年来人类的智慧，积淀了生产者在劳动过程中的才华、能力和追求，人类认识世界、改造世界、创造新事物的方式亦浓缩其中"[②]。总之，就关系而言，学科知识蕴含思想方法，思想方法又产生学科知识，二者好比鸟之双翼，缺一不可。相对而言，学科知识是学科内容的显性存在，学科思想方法是学科内容的隐性存在。学科思想方法是学科的大概念，它能有效地引领、指导学生的学科知识学习。例如：数学的思想和方法是数学知识的灵魂和内核，是数学化的支点和杠杆。离开了数学的思想和方法，数学学习就只剩下躯壳和符号，难以对学生产生实质性的影响。正如日本数学教育家米山国藏所说："学生在学校学的数

---

① 邵朝友，崔允漷.指向核心素养的教学方案设计：大观念的视角［J］.全球教育展望，2017（6）：13.

② 潘洪建.教学知识论［M］.兰州：甘肃教育出版社，2004：93.

学知识，毕业后若没有机会去用，不到一两年，很快就忘掉了。然而，不管他们从事什么工作，深深铭刻在头脑中的数学精神、数学思维方法、研究方法、推理方法和看问题的着眼点等却随时地发生作用，使他们终身受益。"[1] 显然，作为数学学科大概念的思想方法不仅仅是数学知识学习的导航器，也是数学知识学习的最终目的和归宿。

2. 大概念是一种认识技能、认识技巧

学科思想、学科方法的主体是学科，认识技能、认识技巧的主体是学生。这里所讲的认识技能、认识技巧，指的是学生进行学习活动所不可缺少的最基本的技能技巧。实际上，它不仅是现在也是将来学习和工作所必不可少的技能技巧，这种技能技巧是与智力劳动须臾不离的，就像钉、锤、锯、刀与工匠须臾不离一样。凭借这些工具，工匠可以行走天下。也可以说，工匠带走的是自己运用自如、得心应手的工具，而不是自己的作品。工具是带得走的。苏霍姆林斯基把学生进行智力劳动的技能，称作刀锯或工具。他认为学生学习最主要的基本技能是"阅读""书写""观察""思考"和"表达"这五项，所以他也称它们为学习上的五把"刀锯"，他认为这些是一生受用不尽的无价之宝。反之，如果不注意在年幼时打好这个根基，以后的全部学习乃至生活都将遇到极大的甚至是无法克服的困难。学生从学校带走的是学习的技能、技巧，带不走或无须带走的则是学习的内容和结果。教学不要给学生背不动的书包，要给他们带得走的能力。借鉴苏霍姆林斯基的观点，我们可以把阅读、书写、观察、思考、表达的技能技巧作为学生学习特定主题内容的大概念，这些大概念不仅是学习的工具和凭借，也是学习的目的和归宿。

---

[1] 张齐华.审视课堂：张齐华与小学数学文化[M].北京：北京师范大学出版社，2010：84.

（三）价值论视域的大概念：大概念是一种价值、一种意义

1. 大概念是学科的一种价值

从学科的角度讲，"任何学科的构成总是包含了知识、方法、价值这样三个层面的要素：其一，构成该学科的基础知识和基本概念的体系；其二，该学科的基础知识和基本概念体系背后的思考方式与行为方式；其三，该思考方式与行为方式背后的情感、态度和价值观"[①]。具体而言，学科的情感、态度、价值观内在于知识内容、形式，表征着知识生产的目的、宗旨、理想、情感、信念与价值追求，它们是一门学科的灵魂、精神"基因"，是学科的一种"精神存在"，是学科发展和学生发展的"土壤"和"根基"，它们是学科的大概念或者学科大概念的来源。

2. 大概念是学生学习的一种意义

从学生的角度讲，完整的学习不仅仅要认识、理解知识及其背后的思维方法，还要感悟、体验知识的价值和意义。正如朱小蔓所说："人们在掌握知识时，如果没有理解意义，那么，在知识被淡忘以后，它就很难留下什么；如果人们在学习知识时理解了它对生命的意义，即使知识已被遗忘，这种意义定可以永远地融合在生命之中。"[②]客观上说，无论是事实性知识还是方法性知识，学生学完之后总会发生某种变化，如见识广了，眼界开阔了，思维敏捷了，感情丰富了，内心充实了，疑问或疑惑解开了，好奇心得到满足了。当然也包括学生学完之后能够用所学知识解决各种各样的问题，从而提高能力、增强自信。简单一句话，学习应该让学生产生获得感和意义感。费尼克斯说："知识就是意义的领域。""认识是指向人本身的，即使是关于客观世界的知识，也在最终目的上指向人的精神世界的形成和

[①] 钟启泉."三维目标"论[J].教育研究，2011（9）：63.
[②] 朱小蔓.教育的问题与挑战：思想的回应[M].南京：南京师范大学出版社，2000：179.

改造。……人的所有认识，都是围绕着人本身而展开的。""知识本身没有目的，学习知识也不是最终的目的。求知的目的永远是对人的关切，对知识的追求本身是为了了解人所在的处境，拓展人的精神世界，丰富人的内在品质。"所以，必须"将知识的表层与人的生活、人本身联系起来，将知识回归到人身上，回到人的德性与精神世界的建构上，知识才能够获得自己的深层结构，即意义结构，人也才能同时凭借知识的意义而深化生命的意义"。[①]学习的意义（作用）是学习的方向、目的、旨趣，对学习活动起到有效的引领和统整的作用，因而是学生学习的重要的大概念。

根据大概念的内涵属性，大概念在横向上包括三种基本类型：一是结论与结果类的大概念。这类大概念指向知识的最终成果，如生物学科中的"适应性"，政治学科中的"公平与公正"，语文学科中的"形散而神不散"，物理学科中的"万有引力定律"。二是方法与思想类的大概念。这类大概念指向知识的发现与建构，如生物学科中的"结构-功能分析法"和"系统思想"，地理学科中的"区位分析法"和"人地协调思想"，数学学科中的"等量替代法"和"化归思想"，物理学科中的"等效法"和"相互作用思想"。三是作用与价值类的大概念。这类大概念指向知识的迁移与运用，如"科学是一把双刃剑""物理具有应用价值""利用全等三角形测距""可持续发展观""人类价值观"等。当然，我们只是根据分析的需要将大概念区分为以上三种类型。在实际的教学中，某些大概念既是重要的"结论与结果"，又是经典的"方法与思想"，同时是学生在迁移与运用知识中需要重点理解的"作用与价值"[②]。

无论是知识论视野的大概念、认识论视野的大概念还是价值论视野的大概念，都具有以下特性：抽象性（是从相关知识和具体概念中抽象出来的

[①] 孙彩平，蒋海晖.知识的道德意义：兼论学科教学中道德意义的挖掘[J].中小学德育，2012（10）：14-15.

[②] 李松林.以大概念为核心的整合性教学[J].课程·教材·教法，2020（10）：56-61.

上位概念）、组织性（能够对相关知识进行有效的组织和重新组织）、迁移性（能够迁移到其他类似的内容和情境之中）、意义性（大概念本身是有价值、有意义的知识或命题）。基于此，可以对大概念做这样的界定："使离散的事实和技能关联起来并产生意义的概括性知识、基本原理和思维方法，其表现形式是表达概念性关系的句子，其应用价值是能迁移到新的情境中解决实际问题。"① 总之，大概念不仅仅具有知识论、认识论（方法论）的内涵，也有价值论的意义。所有的大概念都必须具有正确的价值命题和能够促进学生形成正确价值观的意义，即对自然、对社会、对人类等形成正确的价值认识和观念。学科大概念应该是知识内容、过程方法和价值意义的融合。

二、大概念的意义

（1）大概念是水，知识点和知识内容是鱼。只有在水中，鱼才会活；离开了水，鱼是活不成的。大概念是提高知识活性和活力的根基，没有大概念的引领和参与，知识学习往往是就事论事、死记硬背。

（2）大概念是磁铁，知识点和知识内容是铁屑。只有借助磁铁，铁屑才会聚集在一起，否则就会散落一地。没有大概念，知识很容易碎片化。要记住，即使你拿回无数知识的沙砾，也只能聚成一片沙漠。有组织的知识才是有力量的知识。

（3）大概念是骨架，知识点和知识内容是肌肉。只有附着在骨架上，肌肉才有力量。

（4）大概念是家，知识点和知识内容是家的成员。只有家才会让每个成员有归属感，没有家，知识就会成为流浪汉。

---

① 李卫东. 大概念：重构语文教学内容的支点 [J]. 课程·教材·教法, 2022(7): 97.

大概念是知识学习的停靠点、聚焦点、凭借点、方向和归宿，它对知识具有解释力、统整力、贯穿力、迁移力。大概念表面上是一种知识、一种方法、一种观念，实际上是一种思想、一种能力、一种智慧，大概念是由知识走向素养的必经路径和最佳策略。"得其大者可以兼其小，未有学其小而能至其大者也。"大概念带来教学的大格局大视野，使教学呈现新气象新样态。

从学生学习的角度讲，大概念是"纲"，纲举目张；大概念是"组织者"，整合所学的知识；大概念是一根红线，可以把知识串起来。如果说学科知识体系具有"鹰架"式结构，那么，大概念就是撑起这一鹰架的支点。也就是说，抓住了大概念，学科的其他知识和相应的教学活动都可以被"提起来"，被"牵扯"出来。可以说，大概念教学是学科整个学习活动的连心锁，赋予学习活动以整体性。从心理学的角度讲，大概念是一种元知识（元认知），它就像"元气""元神"，是一门学科的精华所在。

吴永军教授指出，大概念教学的一个前提假设就是学生也可以学会"像专家那样思考（即以大观念为导向的思考）"，这一假设得到相关理论和教学实践的证实。他从这个视角阐释了大概念的价值和意义：首先，大概念教学能够引导学生像专家那样思考，逐步形成专家解决问题的思维，这是具有本体性或根本性意义的，也是最为重要的一点。其次，大概念教学有利于学生把握某个领域学科知识之间、学科与学科之间、学科与现实生活之间的有机联系，这样就把握住了知识背后乃至世界表象背后的本质，从而能够超越给定的信息，突破现实的、局部的狭隘性，做到有效迁移。大概念教学能够教会学生的不只是"这件事"，更是普适性的做事准则或规律。学生掌握了这些规律，就会实现知识最大限度的迁移。最后，大概念教学强调引导学生在真实情境中解决问题，这也是专家思维的一个基本特征。[1]

---

[1] 吴永军.关于大观念教学的三个议题[J].课程·教材·教法，2023（5）：40-47.

第三节　单元大概念的提炼与教学

一、两个层次的大概念

就内涵或内容而言，大概念有知识型的大概念、方法型的大概念、价值型的大概念；就范畴或层次而言，既有课程（一门学科）视域的大概念，也有教学（一个单元）视域的大概念。课程视域的大概念是立足于一门学科，从一门学科的角度来谈的；教学视域的大概念则是立足于一个教学单元，从一个单元的角度来谈的。从课程知识的角度讲，"大观念首先是某个学科或某个专业领域的核心概念，尤其是在数理学科中处于核心位置、关键地位的概念。对这些概念的理解，有利于学生把握该学科的本质，这也是西方文化中'idea'的应有之义。其次，大观念更多地表示一种观念、观点、认识，既然命名为'大'，那么它一定是表达了某个学科或专业领域中知识之间有机联系的那些基本（重大）规律、基本（重大）关系、基本（核心）原理的观念。这些观念具有永恒性、普遍性、必然性，也就是要在柏拉图'理念论'层面上触摸到事物背后之本质、根据、根本原因，而不是一般的道理、认识或常识"[1]。正因为如此，布鲁纳认为，大概念"可以把现行的极其丰富的学科内容精简为一组简单的命题，成为更经济、更富活力的东西"[2]。通过大概念，可以构建简洁、简约、精简的学科课程知识内容

---

[1] 吴永军. 关于大观念教学的三个议题[J]. 课程·教材·教法, 2023（5）: 41.
[2] 张雪. 课程论问题[M]. 呼和浩特: 远方出版社, 2005: 68.

框架，形成少而精的课程知识内容组织结构。所以，课程视域的大概念数量上要力求少而精，就像一门课程的核心素养那样，要精练，是关键少数。课程视域的大概念是对一门课程内容的极简的提炼。从地位上说，大概念是一门课程的基石。就像房子的柱子和承重墙一样，大概念理所当然地居于学科的中心地位，一门课程的知识内容体系就是围绕着若干学科大概念组织起来的。总之，课程视域的大概念是学科知识的精华所在，是最有价值的知识，是最能转化为素养的知识（最有素养含金量的知识）。课程视域的大概念是课程内容选择的优先对象和主体对象，学科课程内容的组织必须以学科大概念为中心、为纲领、为主线。提炼课程视域的大概念是课程标准研制特别是课程内容选择和编制的核心任务。正如新的义务教育化学课程标准在课程理念中指出"构建大概念统领的化学课程内容体系"，以及新的义务教育生物学课程标准在课程理念指出"内容聚焦大概念"。这里的大概念就是课程视域的大概念。

　　我们这里所谈的大概念主要指向教学，具体指的就是每个学习单元的大概念。"大观念教学主要是在'单元层面'来展开的，也就是说单元整体教学是实施大观念教学的不二法门。因为对于一个大观念的深刻理解与把握，需要较为长久的时间，引导学生持续性接触到大观念，直至完全理解与把握。光靠一节课或两节课的教学是很难实现的。如果'一课一个大观念'，那么不得不由教师贴标签式地'灌输'，学生对此的理解会不深不透，浮于表面。"[①]理论上说，一个学习单元的大概念只有一个，当然它可以从不同的角度去提炼，因而有不同的大概念。也就是说，可以有不同的"一个"。现在关于大概念的教学才刚刚开始，我们应该鼓励不同的"一个"。这也是目前一线教师感到困惑的地方，有些人甚至因此对大概念产生怀疑。不同的教师对同一个单元会形成不同的大概念，我们认为这是正常的现象。

---

① 吴永军.关于大观念教学的三个议题[J].课程·教材·教法，2023(5)：42.

重要的是我们要让教师知道怎么样寻求最好的"一个",这一个能够更有效地对接核心素养的形成,能够更有效地引领和帮助学生开展主动学习和深度学习。这两条是最核心的标准和要求。

二、单元大概念的提炼

(一)单元大概念的提炼思路

1. 演绎法——自上而下的思路("学者思路")

以课程标准为导向,从本学科(课程)所要培育的核心素养的维度(方面或要素)出发,在对其内涵和外延进行准确解读与分析的基础上,结合单元教材主题和内容提炼本单元学习的大概念。如语文课程,从"文化自信、语言运用、思维能力、审美创造"四个维度审视单元的主题和内容,从中提炼单元学习的大概念。数学课程,从符号意识、数感、量感、运算能力(核心素养在小学阶段的表现)等维度提炼小学阶段"数与运算"主题(单元)的大概念,从空间观念、几何直观、推理能力(核心素养在初中阶段的表现)等维度提炼"图形的性质"主题(单元)的大概念。

2. 归纳法——自下而上的思路("教师思路")

以经验为依据,从现有教材单元知识内容的性质和特点出发,不断地追问和思考知识内容背后的学科本质和学习意义,从单元知识内容中提炼出本单元的大概念。

自上而下与自下而上的两种思路实际上"殊途同归",都是要找到核心素养与知识内容的有机衔接点,找不到或者对接不准,核心素养就会落空,就会虚化,提炼大概念就会失去方向。新课标视域下的大概念提炼实质就是解决核心素养与教材内容的对接问题。从教学的角度讲,大概念既是抽象的又是具体的,"抽象的直观"是大概念的教育意蕴。这是我们从形式上判断大概念的一个"标准":如果一个大概念不具有抽象性,那就没有包容性、统摄性、迁移性,那就不能称为大概念;如果一个大概念不直观,教师特别是学生根本无法把握其内涵,不能正确使用它,那它在单元学习中就不能发挥实质性的作用,这样的大概念徒有其名,有等于"无"。

自上而下是从抽象走向具体,让抽象引领、统领、解释具体,让具体"活"起来、"立"起来;自下而上是从具体走向抽象,从具体中升华出抽象,让抽象"实"起来、"可见"起来。作为一对思维范畴,抽象与具体是对立统一的关系,我们要在认识中实现两者的相互联系和相互转化,努力达到两者的真正统一。

(二)单元大概念的提炼策略

1. 从大概念的内涵界定中寻找和提炼

以上我们从若干方面界定了大概念的内涵,自然我们也可以从这些方面提炼大概念。具体来说,寻找单元知识内容的共通点、相同点,找到能够串"糖葫芦"的那根"小棍",从而把整个单元的知识内容有机地串起来;寻找单元知识的上位知识,就是能够统领本单元所有知识的那个抽象的知识;寻找单元知识的基础知识,就是这个单元知识内容的根基、单元这栋房子的地基或这棵树的树根;寻找单元知识背后的学科思想观念和思维方法,它是单元学科知识内容的骨架、血液以及神经系统,对学科知识学习具有牵一发动全身的作用;寻找单元知识学习的有效技能技巧,所有学科的学习本质上都是学习,都具有或体现学习的本性和要求,对学生而言,任何有效学习都需要技能技巧,找到对本单元学习最具有影响力的技能技巧,会有效提升单元学习效果;寻找和挖掘单元知识潜在的价值旨趣和学科精神,以其作为统领单元学习的大概念;寻找和挖掘单元知识学习对学生发展的意义和作用,将核心的意义和作用作为单元学习的大概念。

2. 从课程标准里寻找和提炼

课程标准是大概念最重要的来源，虽然有的课程标准没有直接阐明学科大概念，但都包含大概念的意蕴。也可以说，在有的课程标准中大概念是显性存在的，在有的课程标准中大概念是隐性存在的。从单元教学的视角说，大概念主要来自课程标准里对核心素养内涵的界定、阐述以及课程总目标和对应的学段要求。从课程标准中提炼大概念，能够确保大概念的正确方向，毕竟课程标准是教学的总纲和依据。但是，对课程标准不能断章取义，也不能对其做字面上的理解，教师要全面完整仔细地阅读课程标准，深刻准确领会和把握课程标准的内涵和精神实质，能够在头脑中建立课程标准特别是核心素养的清晰画面，这样才能确保大概念提炼的准确性和针对性。

3. 从教材里寻找和提炼

教材是课程标准特别是课程内容要求相对完整的全面的直观的呈现，简单地说，教材就是课程标准的具体化、材料化，它是师生教与学的直接对象。我们要寻找和提炼的大概念一定是教材里面有的，当然它往往是一种隐性的存在，教材里面没有的东西或者不能跟教材有机对接的东西，不能成为单元的大概念。这就要求教师对教材不能就事论事，要全面深刻地挖掘教材的内涵，捕捉教材的意蕴，发现教材内容的组织逻辑和学生基于教材的学习逻辑，从中提炼单元的大概念。具体而言，可以从教材单元的主题之中、学习要求之中、具体课文之中寻找和发现大概念。例如，"系统的观念"便出现在普通高中教科书的章末小结中。①

4. 从学生学习经验中寻找和提炼

所有的学习都是相通的，学生以往的学习经验、学生之前的学习经历，都会对当下的学习产生直接或间接的影响，我们可以从这些影响因素

---

① 人民教育出版社课程教材研究所，生物课程教材研究开发中心. 普通高中教科书：生物学：必修1：分子与细胞 [M]. 北京：人民教育出版社，2019：13.

之中寻找和提炼大概念。具体而言，从以往的学习活动包括学习方式、学习策略之中寻找和提炼大概念，从以往的学习内容包括知识内容、思想内容之中寻找和提炼大概念。当然，学生的日常生活和各种各样的课外学习之中也蕴含着可以升华为大概念的要素，这也是寻找和提炼大概念的一个路径。

从教学内容的设计来看，基于对教材文本和学生经验的关联性分析，凝练出具有学科特点、能够吸引学生并值得学生在单元学习甚至更长时段的学习中持续思考和深入理解的"大概念"，可以使教学具有明确的内容、对象。如上海市徐汇区高安路第一小学的语文教师在二年级第二学期某个语文单元学习中，基于对学生真实思想观点以及《聪明的牧童》等六篇教材文本的关联性分析，提炼出"聪明意味着具有解决矛盾、问题的能力"这样一个既能吸引学生思考又与单元六篇文本具有内在联系的大概念。整个单元的学习都围绕着文本，借助语文学科知识，从多个不同的角度展开对这个大概念的深入理解，取得了良好的学习效果。这表明，教学设计包含着教师对教材内容的创造性转化，即能够基于学生经验和教学文本创建出吸引学生主动投入学习的"大概念"形态的学习内容，使学生在主动理解和运用大概念的过程中深刻牢固地掌握基础知识和基本技能，同时自主建构个体的内部知识结构，学会像专家一样运用知识解决问题。[①]

三、基于大概念的单元（主题、整体）教学

大概念教学是一种基于大概念、通过大概念、为了大概念的教学。大概念教学是通过单元教学进行的，因为我们所讨论的大概念指的就是单元

---

① 杨颖东.核心素养视野下教学设计现代化的变革策略［J］.上海教育科研，2020（7）：77-82.

的大概念，大概念是单元教学主题化、整体化、统整化的表现。时下新课标所指的大单元教学就是基于大概念的单元教学（或者说大概念教学指的是基于大概念的单元教学）。

我们为什么这么强调大概念和单元教学，大概念和单元教学究竟要解决什么问题？我们引用李松林教授的观点来回应。他认为，中小学生在知识学习上普遍存在三个问题：一是"散"。在强烈的"知识点"情结下，学生较少在一个连续的整体中建构知识，学到太多庞杂而零散的知识。二是"低"。由于教师较少从更高层次去理解学科知识，学生自然学到太多低位的知识，难以从更高层次上去俯瞰和理解下位的知识。三是"浅"。在对知识的表层化理解下，学生学到太多符号化、形式化的知识，较少理解知识背后所蕴含的逻辑根据、思想方法和价值意义。上述三个问题导致了一个严重的结果：学生学到太多无意义的惰性知识，难以在更大范围内和更高层次上迁移运用自己所获得的知识。应该说，学生学得"散""低""浅"以及由此所导致的知识缺乏迁移力的问题，恰恰是我们强调大概念的实践动因。[1]可以说，这也是大概念要解决的三个现实问题。我们所倡导的大概念教学就是针对当前知识点教学所存在的"散""低""浅"的缺陷，力求实现聚合性、高度性、深刻性的知识学习。在新课标背景下，强调大概念和单元整体教学还是核心素养落地的根本要求。大概念说到底是核心素养的要求，没有大概念的引领和知识的有机整合，知识就难以转化和内化为核心素养。为此，大概念的教学也就是核心素养的教学。

（一）基于大概念的单元教学的原则

1. 就内涵而言，要实现大概念与单元具体知识内容相统一

简而言之，大概念是单元知识内容的提炼，它需要在教学之中不断获得

---

[1] 李松林.以大概念为核心的整合性教学［J］.课程·教材·教法，2020(10)：56-61.

营养从而不断得以丰富。大概念之所以能够统领单元知识内容，就是因为它在教学之中不断地吸收单元知识内容的养分；而单元知识内容之所以能够被深度理解，就是因为有大概念的参与。所以，大概念和具体知识内容一定要相互促进、协调发展。我们据此提出，单元教学必须贯彻落实大概念的渗透和提炼原则。渗透，从教学内容的角度说，指的是大概念进入相应的学科知识内容之中；从教学方法的角度说，指的是用大概念指导学科知识内容的学习。提炼，从教学内容的角度说，指的是学科知识内容客观地隐含大概念；从教学方法的角度说，指的是学科知识内容向大概念的转化、升华（充实、丰富大概念）。渗透和提炼是同一过程的两个不同方面：一方面，注重大概念对知识内容的渗透和指导，使学生对学科知识内容的理解和掌握是自觉的、高层次的；另一方面，对学科知识内容隐含的大概念进行及时的提炼和概括，使学生对大概念的掌握扎根在坚实的知识基础上。

2. 就形式而言，要实现大概念教学与单元整体教学相统一

我们现在强调单元教学，不是简单地把学科知识内容画地为牢，构成一个单元进行教学，而是要求把单元知识内容作为一个整体进行教学。两者的区别在于：前者有可能以单元为一个教学单位或时间单位，但是课还是一节一节上的，知识点还是一个一个学的；后者是把单元内的知识内容统整到一个大概念之下，作为一个统一体进行教学，单元中的每一节课或每一个知识点的学习都是围绕大概念展开的，大概念是一个整体、一根主线。这是新课标下单元教学的创新和突破。如果还是以前那种碎片化的知识点教学，是谈不上大概念的，因为我们所谈的大概念就是单元的大概念，是从一个单元的知识内容之中提炼出来的。大概念教学的核心和关键就在于强化知识的联系，找到知识的共性，挖掘知识背后的共识，通过联系、共性、共识，实现知识的整体化、统整化。

3. 就目的而言，要实现大概念与核心素养相统一

大概念不是一个单纯的概念，我们也不是为了大概念而大概念，我们

提炼大概念、开展大概念教学，根本原因是核心素养落地的要求。如何把知识转化为素养或者说如何从知识之中教出素养，这是新课标背景下新型教学的核心命题。研究表明，知识与素养的关系相当复杂，有的知识与素养的关系相对明显，有的知识与素养的关系相对隐蔽。如果能够找到或发现知识与素养之间的桥梁或媒介，有效地把知识引上素养的方向，那就是教学的大创新大突破了。新课标告诉我们，大概念就是知识与素养之间的桥梁和媒介。我们既可以从具体的学科知识内容之中自下而上地提炼大概念，也可以从课程的核心素养的内涵或维度出发自上而下地提炼大概念。正如我们之前所提到的，这两种大概念提炼方式要对接，使得知识、大概念与核心素养保持一种内在的有机的关联。实际上，很多大概念本身就是核心素养的体现，大概念教学就是核心素养的教学。就算有些大概念不直接指向课程的核心素养，但一定也是核心素养的间接体现或特殊体现。

（二）大概念教学的策略

1. 基于大概念的策略：把大概念当作学生学习的先行组织者

所谓基于大概念，也就是以大概念为学习的起点。大概念是地基，建房得先建地基，学习单元知识内容要从该单元的大概念开始。大概念是先行组织者，能够有效组织（解读）相关的知识内容。先行组织者是奥苏贝尔推进有意义学习时提出的一条基本教学策略。所谓先行组织者，就是在呈现正式的学习材料之前，先用学生能懂得的语言，向学生介绍一些引导性材料。这些材料比要学习的新材料更一般、更概括，并且与学习者认知结构中的原有知识有密切的联系。它们充当着学习者由已知走向未知的"认知桥梁"，起着沟通的作用。在教学过程中，当学习者的认知结构中没有或缺乏能够与新知识建立联系的观念，或者说学习者认知结构中虽有与新知识发生联系的观念，但不清晰、不稳定，以致学习者分辨不出新旧知识间的实质性差别和联系时，设计和运用先行组织者的教学策略就成了开展有意义学习的先决条件。否则，学生就只能进行机械学习。大概念就是单元学习的最好的先行组织者。笔者在和一线教师讨论三年级语文第一单元教学设计时，就采用了以大概念作为先行组织者的单元教学策略。我们提炼了该单元的大概念，就是阅读和作文要学会捕捉、欣赏和采用"具有新鲜感的句子"。据此，在单元教学之始，教师引导学生谈谈：什么样的句子叫作有新鲜感的句子？有新鲜感的句子跟普通的句子相比有什么特点？我们班上有哪些同学会经常冒出有新鲜感的句子？我们能不能说出几句有新鲜感的句子？这样在学生学习单元具体课文之前，脑子里就建立了"有新鲜感的句子"的大概念，并且以这个大概念作为先行组织者引领、统摄、组织全单元的学习，或者说全单元的学习都围绕着先行组织者（大概念）展开、推进。这样的单元学习就会有聚焦感。经过一个单元的学习，学生会在"具有新鲜感的句子"的捕捉、欣赏和采用上有比较大的收获和进步。

2. 通过大概念的策略：把大概念当作学生学习的凭借和手段

基于大概念，是把大概念作为先行组织者，强调的是学习起始时大概念所发挥的作用；通过大概念，指的是学习过程之中学生要借助大概念、凭借大概念进行学习，它强调的是大概念在学习过程中所发挥的作用。任何有效的学习都需要借助特定的学习工具和思维方法。比如，我们是借助或通过"角和边及其关系"来界定、认识和学习各种平面几何图形（三角形、四边形等）的，可以说，"角和边及其关系"就是平面几何图形的学习工具和思维方法，也就是学习的大概念。

在小学数学"多边形的面积"这个单元的教学中，很多教师通过"转化"这个大概念进行教学设计并引导学生学习。本单元中，在平行四边形、三角形、梯形的面积计算公式推导过程中都利用了转化的方法，学生将没有学过的图形通过剪拼、组合等方法转化为学过的图形，通过观察转化前与转化后图形各部分的关系，利用已经学过的面积计算公式推导出新的面积计算公式。本单元的大概念就是"转化"，它就是学生学习本单元的工具和凭借。

3. 为了大概念的策略：把大概念当作学生学习的目的、归宿

大概念不仅仅是学生学习的先行组织者、学习的凭借，也是学生学习的目的，这是指学生学习一个单元的具体知识内容不是教学的目的，其真正的目的是掌握潜藏在其中的大概念。对学生而言，这才是最有价值的。具体知识内容的学习都是为了丰富对大概念的理解，使学生对大概念的理解不断细化、精致化、实化。大概念本身就是核心素养的表现，它是学生带得走的一种思想、一种观念、一种思维、一种方法。把大概念作为学习的目的，意味着大概念在学生的学习中不是一成不变的。刚开始学生对大概念的认识可能是大概的甚至是模糊的，借助单元相关知识内容的学习，这种认识才得以不断清晰和深刻。把大概念作为学习的目的，意味着既能把书读薄又能把书读厚，这个过程既是不断丰富的过程又是不断提炼的过程。

第四节　大单元教学的内涵和设计路线图

一、知识本位的单元与素养本位的单元

在传统的教学里，单元就是教科书（教材）里的一"章"或一个"单元"，是学科知识体系的一个相对独立的单位；是教学内容体系的一个节点，是具体知识点与学科知识体系的一个连接点。单元教学具有承上启下的作用。我国具有单元教学的传统和经验，一直把单元作为教学和管理的一个相对独立完整的也是最小的知识单位：以单元作为教学活动及其管理

评价的基本单位,将教材按照其内在的知识结构分为若干相对完整、独立的单元,在整体设计和分节授课的基础上,把知识单元系统化、结构化,以单元学习和达标作为提高教学质量和完成教学任务的基本环节;实现单元目标后,再进行下一单元的教学。实践证明,单元教学对提高教学质量发挥了重要的作用。

新课标从素养立意和学习立场角度重新定位"单元",把单元视为核心素养形成的一个相对完整(系列)的知识内容载体和学生以此为主题进行的一场科学实践和学习旅程。从课程的角度说,一个单元就是一个"微课程",它是一个完整的教育事件,是一个有价值的教育主题,是一个有组织的结构化的学习活动。新课标的课程内容一般以主题或领域区分,从"内容要求""学业要求""教学提示"三个方面进行呈现。"内容要求"主要描述学习的对象和范围,"学业要求"主要明确该内容学习结束时相关核心素养所要达到的具体目标和程度,"教学提示"主要针对内容性质和特点以及核心素养形成的要求和表现而提出教学实施建议。这就是新课标的结构化、立体化的学习主题和学习单元。

按照佐藤学先生的观点,传统的单元是一种"阶梯型"的课程组织和设计,它强调学科知识的逻辑性,要求教学内容以知识的逻辑联系展开,一个知识点接着一个知识点进行教学直到单元结束。这显然是一种知识本位的教学。新课标背景下的单元是一种"登山型"的课程组织与设计,它强调知识的选择和组织要以核心素养为方向、以主题或问题为统领,教学过程不是一种简单的知识点的组织和串联的过程,而是围绕解决问题和形成素养对知识进行建构、运用和创新的过程。

一个单元就像一座山。学生学习一个单元,就像一场爬山旅程,从山底到山顶要有完整的经历。这中间可能有各种各样的岔道和选择,学生正是在这样的挑战中完成登山任务,收获一路的风景和登山的喜悦。

一个单元就像一套单元房(完整性)。单元房是可以居住和生活的地方，是家的载体和表现，它不是简单的水泥、钢筋等建筑材料。学习单元也不是知识材料的堆积，它是有结构有意义的一个主题，是核心素养的载体和表现。

总之，一个单元是学生学习的一段相对完整的旅程，是从生活到科学、从感性认识到理性认识、从现象到本质、从直观到抽象的过程。单元的关键就在于相对完整性，只有把每节课有机串起来构成一个相对完整的单元，才能对学生核心素养的形成产生实质性的影响。刻意追求每一节课的精彩绝伦和完美无缺往往会妨碍单元目标的实现。正如我们在教学实践中所发现的，有的教师每节课都上得不错，学生反映也好，但单元的整体教学效果却不尽理想。周彬教授指出："当把课堂教学'肢解'成一堂一堂的课，看起来让课堂教学变得更具体了，也寻找到了提高课堂教学效率的捷径，但当每一堂课都各自为阵（政）时，当每一堂课都把自己的完善与完美作为教学目标时，我们得到了'一堂课'甚至'每堂课'的美好，但却失去了学科课程的完整性和系统性，或许这才是'课虽好但却得不到好成绩'的原因。"[1]相反，有的时候我们发现尽管教师每节课都不是特别"出彩"，但是由于各节课连成一个有机的整体，最终的效果却是令人满意的。单元要是没有"课程"基因的注入，没有核心素养的导向，就是一堆知识而已。

单元包括教材之中的自然单元和教师自己组织与改造的单元。以教材的自然单元为单元的学习主题，这是教材已经划分好了的单元；以生成的大单元为单元的学习主题，这是学校或教师自主构建的单元。目前，以教材的自然单元为基础进行改造和重组，使之成为体现核心素养要求的大单元，是对校本教研和区域性教研提出的新要求、新挑战。要改变将单元整体教学等同于课时教学简单叠加的观念，深化对单元整体教学的理解，明确单元整体教学的内涵意蕴和实施路径，深入认识单元整体的特点，挖掘

---

[1] 周彬.把"课堂"串成"课程"[J].上海教育，2017（4B）：64.

单元教学的整体性和一致性。以数学为例，要以数学核心内容为线索确定"单元学习主题"。数学核心内容是指在数学本质上有共性、在思维方式上相同、在学习方式上相近、在教学设计上有共同要素的内容。其他学科也一样，只有找到这些核心内容，或者所谓的"一致性"，才能使之成为培养核心素养的单元。把现有教材的自然单元转化成基于核心素养的学习单元，关键是要找到或构建"一致性"。找不到这些共同要素，单元就会有名无实。

二、单元学习设计路线图

单元学习设计最重要的工作如下。

（一）课标分析、教材分析、学情分析

课标分析、教材分析、学情分析（教学设计中的三分析）[1]是单元教学设计中最基础、最重要、最关键的工作，是单元教学的前提、条件、依据。

1. 课标分析

课标分析包括三个步骤：摘录课标陈述、关键词句分析、得出结论。

找到并摘录与本单元有关的课标陈述，主要包括：学段目标、内容要求、学业要求、学业质量标准、教学提示与建议，把握本单元教学的素养指向和要求，确定单元教学的行动指南。

关键词句分析，就是对涉及本单元教学的关键问题、要害问题做深度剖析，通过关键词语准确把握本单元所要着力培育的核心素养的具体内涵、关键要素以及核心素养形成的关键条件和过程，把握本单元教学内容和教

---

[1] 王红顺. 单元备课、课时备课新双案撰写提升要求要点［EB/OL］.［2023-09-19］. https://www.jianshu.com/p/c05208bf031a.

学策略的特殊性。

得出结论指的是从课标分析中务必明确学什么、怎么学、学到什么程度，尤其要在这个基础上形成自己对单元教学的观点和判断。现在多数教师撰写的课标分析，大多只有课标陈述摘录，缺少深入和具体的分析，更缺少分析后的有用总结。

2. 教材分析

教材分析主要包括三部分：单元知识的外部分析、单元知识的内部分析（课标适切性分析）、提出教材处理意见。

单元知识的外部分析也就是纵向分析，即了解和明确本单元知识在整册教材以及全套教材中的位置和作用。具体而言，就是了解此前的相关单元学习为本单元学习做了哪些铺垫（"上挂"），以及本单元学习又为哪些后续单元学习提供了服务（"下联"）；围绕同样或相近的主题把本单元和其他单元加以对接并进行结构分析。

单元知识的内部分析也就是横向分析，包括结构分析和内容分析。结构分析也就是单元内节与节、课与课之间知识的关系分析，单元内部各知识点关系的分析（是上下位关系还是并列关系）。内容分析也就是分析知识内容的育人价值和意义，实际上就是分析知识内容对核心素养形成的贡献和作用。当然还要分析所选的教材内容是否与课标要求切合，内容需不需要增删、调换，需不需要补充资源。

教材分析中最重要的环节是提出教材处理意见。新课程要求"不是教教材，而是用教材教"，这就要求通过上述分析得出教材整合意见：重组教材内容，明确单元主题，构建新的学习单元，同时进行单元课时安排。一般说来，教材整合有三种思路：一是调换顺序，二是拓展内容，三是变换情境、例题、练习等。

3. 学情分析

学情分析的核心是人的分析，对人研究不够是教学的致命伤。不了解学情，要引导学生学好是不可能的。那么就一个单元的教学而言，学情分析究竟包括哪些内容？学情分析最重要的就是找到学生学习的起点。这个起点包括该单元学习所需要的逻辑起点（客观）以及学生真实的起点（主观）。学情分析就是要分析和明确这两个起点之间的关系。逻辑起点分析就是要找到单元学习的知识起点，也就是新旧知识的对接点。学情分析的重点应放在真实起点的分析上，即分析学生实际掌握的相关知识、技能和思维方法、习惯，学生的已有经验、情感态度与价值观，学生可能会存在的学习困难和障碍。具体来讲，学情分析的重点可放在分析学习本单元时学生已有的知识、经验、技能、思维优劣势如何，学生对本单元的前理解、负迁移如何，学生学习的困难处、关键点在哪里，以及学习的深度如何。具体可以思考以下问题：学生已有的认知基础是什么？学生的认知水平如何？通过本单元的教学，学生将在哪些方面获得发展？学生有没有与本单元知识相关的生活经验？学生的生活经验如何？学生学习本单元知识有哪些困难？用什么方法帮助学生突破难点？学生自己阅读本单元知识会产生哪些疑问？哪些内容学生自己能够学会？哪些内容学生可以通过与同伴讨论学会？哪些地方需要教师点拨引导甚至讲解？学生喜欢怎样的情境？学生喜欢怎样的学习方式？在单元学情分析中，教师还要注意开展学生学业质量是否达标的分析。

  总之，课标分析分为三个步骤：摘录课标陈述、关键词句分析、得出结论；教材分析主要包括三部分：单元知识上挂下联（内容结构化系统）分析、单元内节与节之间及其与目标达成的关系（课标适切性）分析、提出教材处理意见。学情分析的重点应放在对学生经验、兴趣、价值观的分析，对学生知识、技能、思维等基础学习力的分析，对学生学习困难点的分析，同时也不可忽视对学生已学内容的学业质量的分析。课标分析要做解释，要有结论；教材分析要目的明确，要得出教材整合方案；学情分析颗粒度要小，要聚焦、细化、实用。

（二）单元大概念的提炼与单元教学目标的确立

基于新课标的大单元的核心标志是大概念，单元大概念的提炼是单元教学设计中的一项核心工作。提炼不出大概念，单元内容可能只是形式上的组合，而不是真正的"共同体"。大单元、大概念，其要义是"共同""共性""共有"。也就是说，大概念是单元内所有知识内容（点）共同的概念（统一）、共性的知识（特点）、共有的思维（方法），它具有牵一发而动全身的作用，是推进单元教学的主线和主心骨。课标分析、教材分析、学情分析是单元大概念提炼的前提性工作。相对而言，教材分析是提取大概念的关键。如语文统编教材的单元采用"人文主题"和"语文要素"双线组元的编排方式，一般而言，单元大概念就来自"人文主题""语文要素"或两者的综合。以核心素养为导向，聚焦单元大概念，确立单元教学目标，使三者形成一种内在的关联，这是核心素养落地的根本保障。

案例分享：

语文单元大概念的确立[1]

统编语文教材六年级上册第七单元的人文主题是"艺术之美"，阅读要素是"借助语言文字展开想象，体会艺术之美"，对应课程标准中的学科核心素养"审美创造"。可以明确，本单元的价值定位是"审美"素养的培养，引领学生体验"艺术之美"，感受艺术魅力，获得审美熏陶，培养热爱艺术的情操。大概念提取还必须关注关键能力的发展。本单元阅读要素中的"借助语言文字展开想象"就是关键能力，是"体会艺术之美"的达成支架。"想象"是统编教材着重培养的一项能力，在先前的各册教材中都有相应训练。在指向审美素养培养的相关单元中，"想象"往往和"读"相辅

---

[1] 王红霞. 核心素养导向下的小学语文大单元教学的理解与设计运用：以统编教材六年级上册第七单元为例 [J]. 语文教学通讯·小学，2022（11）：41-44. 内容有删改。

相成,"边读边想象"是培养学生审美能力的主要策略,也是学生体会美感的重要方法。基于这样的学能起点,本单元的审美能力培养要侧重引导学生在文本语境中,借助语言文字展开多角度、多层次的想象,以充分领略艺术的魅力。

通过多方联结、分析,我们提炼了本单元的大概念——"想象是体会艺术之美的重要方式",确立本单元相应的教学目标为:①通过多种形式阅读课文及补充文本,初步感受并理解不同时代、不同形式的艺术之美。②能正确把握课文内容,阅读中能借助语言文字展开想象,并通过故事讲述、视听表现、文化追溯等方式进一步体会艺术丰富多元的美。③欣赏自己喜爱的音乐、书画等艺术作品,能通过想象和联想,把想到的画面或情景用多种形式表达出来。三个教学目标彼此联系、相辅相成,依循"感受、理解—想象、体验—迁移、表达"的学理逻辑。其中,目标①是基础;目标②是单元核心教学目标,关系语文要素的落实;目标③是对目标①和目标②的提升,是审美经验和能力进一步积淀的表现。如此制定目标,意在保证学生经历从外到内再到外的学习过程,形成目标间的呼应和合力,真正达成"体会艺术之美"的教学要求。

(三)单元学习任务(情境、问题、项目)设计与学习活动设计

相对而言,任务、情境、问题、项目是核心素养形成的载体,学习活动则是核心素养形成的路径。新课标倡导学科知识内容要以任务、情境、问题、项目为载体间接呈现,从而增强知识的活性和附加值;倡导以学生的自主性实践活动作为学生学习的主形态和育人的新方式,从而使教学过程真正成为核心素养的形成过程。为此,要根据单元知识内容的性质、特点以及大概念和核心素养的教学目标要求,设计能够涵盖整个单元的具有可操作性的大情境(大问题、大任务、大项目),同时根据教材的知识内容进行合乎逻辑的分解,然后根据细化的具体的结构化的子(或分)情境(问题、任务、

项目）为学生设计和安排具体和真实的学习活动或环节，确保学习任务与学习活动相互对接。值得强调的是，<u>单元设计一定要体现学生学习中心的理念，从以教为中心的知识教学设计转向以学为中心的活动教学设计，让学生的学习活动在课堂真实、完整、深刻地发生；一定要体现学生学习（从内容到过程）的完整性和有机性，防止陷入碎片化的课时主义。</u>

案例分享：

基于统编教材，探索素养导向的大单元教学[①]

比如小学语文五年级下册第五单元以"学习运用恰当的方法写出身边人物的特点"为目标，创设真实情境中的学习主题——"话一话大千世界众生相"，设计三项任务、九个语文实践活动（见下图），开展"文学阅读与创意表达"任务群学习。

话一话大千世界众生相
- 任务一：赏一赏大千世界众生相
  - 活动1：读读大千世界的有趣故事
  - 活动2：看看大千世界形形色色的人
  - 活动3：聊聊身边形形色色的人
- 任务二：探一探描摹众生相的密码
  - 活动4：探探刻画人物的密码
  - 活动5：理理描写人物的基本方法
- 任务三：话一话大千世界众生相
  - 活动6：试身手，我笔下的父母或同学
  - 活动7：露一手，写写形形色色的人
  - 活动8：同分享，话话我笔下的人物
  - 活动9：改一改，让"这一个"更鲜明

图 "话一话大千世界众生相"学习任务单设计

围绕学习主题，可将框架图细化为学习任务单（见下表），引导学生参与结构化的实践活动，通过探究梳理、反思修正，最终达成单元学习总目标。

[①] 许红琴.基于统编教材，探索素养导向的大单元教学[J].小学语文教师，2023（4）：11-15.内容有删改。

第六章 从知识点教学走向大概念教学，推进大单元大主题教学 197

表 "话一话大千世界众生相"学习任务单

任务一：赏一赏大千世界众生相
1. 读读大千世界的有趣故事 　　默读《人物描写一组》《刷子李》，提炼小标题，厘清故事情节，概述故事内容。 　《摔跤》中对阵的是…… 　《他像一棵挺脱的树》主要写…… 　《两茎灯草》主要写…… 　刷子李刷墙，没一个白点……
2. 看看大千世界形形色色的人 　　梳理、概括本单元人物的主要特点，写下自己的发现，与同学交流。

课文	主要人物	主要特点
《摔跤》		
《他像一棵挺脱的树》		
《两茎灯草》		
《刷子李》		
《我的朋友容容》		
《小守门员和他的观众们》		
我的发现		

3. 聊聊身边形形色色的人
　　生活中不乏独具特点的人。在课前观察的基础上，和老师、同学聊聊你感兴趣或者觉得有特点的人。

任务二：探一探描摹众生相的密码

1. 默读课文，品味探究课文描写人物特点的方法及表达效果，交流分享。

主要人物	特点	写法
小嘎子	顽皮机敏、争强好胜	
祥子	健壮、有旺盛的生命力	
严监生	爱财如命、吝啬	
刷子李	刷墙技艺超凡	
容容	乐于助人、天真可爱	
小守门员；观众	尽责；专注	

2. 比较上述人物的特点及写法，说说你探究到哪些描写人物的密码。
　我的发现：_____

续表

任务三：话一话大千世界众生相
1.试身手：观察课间十分钟同学的活动，通过动作、语言等细节描写一个瞬间；选取父母生活中的典型事例，表现其某一特点。（二选一）
2.露一手：用本单元学到的描写人物的方法，写身边的一个人。（先想清楚人物特点，再依据特点选择典型事例，确定详略，力求让笔下的人物成为与众不同的"独一个"。用图表列提纲，包括人物、特点、事例、详略安排等）
3.分享修改：在小组内朗读分享自己的习作；同伴、老师评价，提建议；反思修改。

综上所述，单元教学设计的一般流程如图6-3所示。

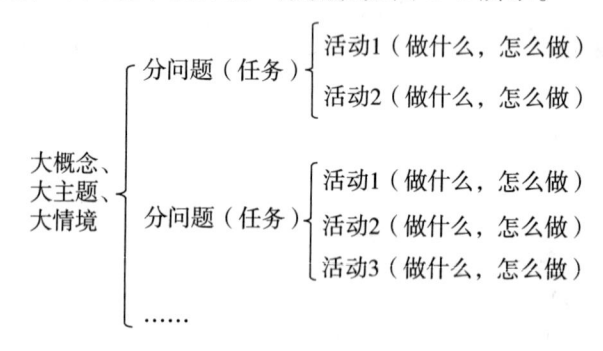

```
                    ┌ 分问题（任务） ┌ 活动1（做什么，怎么做）
                    │                └ 活动2（做什么，怎么做）
   大概念、         │                ┌ 活动1（做什么，怎么做）
   大主题、 ────────┤ 分问题（任务） ├ 活动2（做什么，怎么做）
   大情境           │                └ 活动3（做什么，怎么做）
                    └ ……
```

图6-3　单元教学设计流程

第七章

从学科孤立走向学科融合，有效推进跨学科主题学习

跨学科主题学习是新课标的亮点。《义务教育课程方案（2022年版）》要求"原则上，各门课程用不少于10%的课时设计跨学科主题学习"。10%不是固定不变的比例，在探索和尝试跨学科主题学习并取得经验和共识之后，比例是要逐步扩大的，毕竟跨学科是课程建设和发展的方向。值得强调的是，对于10%之外的课程内容，教师也不能心安理得地固守原来的模式，10%是个信号，要把这10%的跨学科主题学习的精神和理念有机地融入学科课程内容的教学中。

第一节　跨学科主题学习的内涵与特征

一、跨学科学习：从知识走向主题

跨学科学习的宗旨是从关注学科的碎片、零散的知识，走向关注知识背后的结构、联系、规律，追求知识、能力的迁移和应用。

跨学科学习是以主题为对象、为载体、为抓手的，而不是以具体的知识内容为对象、为载体、为抓手的。从知识的角度说，跨学科学习一直是存在的，因为很多学科在内容上是有交集的：物理常常用到数学的公式，生物学与化学合称"生化"，文史哲不分家，语文课程内容更是涉及众多学科，音体美同样是你中有我、我中有你的关系。各学科教师在教学之中都会涉及一些跨学科的知识。但是，这不是我们所倡导的跨学科学习。新课标所强调的跨学科学习是以主题的方式进行的。主题与知识（知识点）有什么区别？主题一词来自文学艺术，一般指文艺作品所表现的中心思想。主题是文章和作品的灵魂，决定文章和作品的质量高低、价值大小、作用强弱，是文章和作品的统帅。主题具有客观性、主观性、观念性和时代性四大特征，要做到正确、集中、深刻、新颖。这是主题的本义，我们在任何时候使用这个概念都必须遵循和体现其内涵和精神。但是，新课标所说的主题显然不局限在"文艺作品"，它涉及所有的学科，而且其内涵也不是指向"中心思想"，它所要表达的其实就是字面意思，就是一个主要的问题、重要的问题（或话题、议题）。从学生学习的角度说，指一个比较大的问题（大问题），当然是跟学科有关联的问题。这样的问题当然要体现主题的客观性、主观性、观念性和时代性，也要做到正确、集中、深刻、新颖。否则，它就不能成为主要的问题、重要的问题、大的问题。

总而言之，主题不同于知识，主题学习明显区别于知识学习。主题当然会涉及或包括相关的知识，这些知识可能还是学科的重要概念或基本原理，但是知识只是构成主题的一个要素或工具，主题的核心是需要解决的问题、需要完成的任务、需要实施的项目、需要论证的命题，以及需要确立的价值观、需要寻找的意义。主题学习会获得相关的知识，但这不是主题学习的主要目的，其目的是知识的运用、思维的创新、实践的推进、问题的探究、价值的构建、意义的形成。相比较而言，知识学习的目的在于获取、理解、掌握和记忆知识，主题学习的目的在于运用、迁移、建构和组织知识。

那么究竟如何提炼跨学科学习的主题呢？首先，我们得明白主题从何而来。有研究指出，主题主要有四个来源：一是新课程方案中要求进行学科渗透的教育专题，包括社会主义先进文化、革命文化、中华优秀传统文化、国家安全等。二是来自某一学科但可辐射至相关学科的学习主题，如历史课程标准中的"中华英雄谱"主题很容易拓展到语文、道德与法治学科。三是两个以上学科共有的学习主题，如"物质"主题。四是学生的生活情境，学生所关注的日常生活中的很多问题都可以成为跨学科学习的主题。[1]这是我们提炼主题的路径和视角。其次，我们得清楚主题到底包括哪些核心要素。我们认为，构成一个主题，三个要素是不可缺少的，它们是问题、知识、价值。主题本身就是一个问题（其表现形式如议题、话题或任务、项目），一个有待解决的问题是学生主题学习的核心，当然这个问题不是教科书里的习题，更不是一般作业里的练习题。对学生而言，主题具

---

[1] 李群，王荣珍.中美课程标准中跨学科学习规划的比较与审思[J].比较教育研究，2023（3）：32-39.

有两个特点。一是具有挑战性。从心理学的角度说，它是处于最近发展区的，是超越教科书的，不是用课本里的知识可以简单应付的，是需要学生通过有创意的探究和持续的劳作才能应对的。二是具有一定的开放度。它意味着不同学生解决这个问题可以有不同的视角、不同的路径、不同的思路，因而最终会呈现多元的答案、方案或结论、结果。知识是主题的基石，要是没有相关知识，特别是相关学科的核心知识和重要原理的支撑，主题必然会虚化、浅化和空化。知识既是构成主题的要素，也是解决问题的依据。如同课程内容要实现"少而精"，主题学习更要体现"少而精"的理念，因而，在选择和提炼主题时一定要紧扣相关学科的核心、关键的知识和原理。如果主题是围绕相关学科的一般性知识内容进行构建的，这样的主题含金量就不高，迁移性和拓展性也不强，对学科核心素养的形成助力也不大。价值是主题的灵魂，这里的价值包含主题本身的价值内涵以及对学生的价值导向。例如，化学课程标准里推荐的十个跨学科学习主题[①]，就是化学学科科学态度与责任的积极体现，通过强化化学与生活、化学与科技发展、化学与社会和环境的关系，引导学生逐步形成对化学促进社会可持续发展的正确认识，树立责任担当的意识。对每个学科而言，少而精的跨学科学习主题一定要在引导学生感悟、体验学科的价值和意义上做好文章。

---

① 这十个跨学科学习主题是：（1）微型空气质量"检测站"的组装与使用；（2）基于特定需求设计和制作简易供氧器；（3）水质检测及自制净水器；（4）基于碳中和理念设计低碳行动方案；（5）垃圾的分类与回收利用；（6）探究土壤酸碱性对植物生长的影响；（7）海洋资源的综合利用与制盐；（8）制作模型并展示科学家探索物质组成与结构的历程；（9）调查家用燃料的变迁与合理使用；（10）调查我国航天科技领域中新型材料、新型能源的应用。

二、跨学科主题：从教学走向学习

跨学科主题不是用于教学，而是用于学习，它要求从注重教走向注重学，从教的设计走向学的设计。跨学科主题的实施为什么强调学习？从根本上说，这是由跨学科主题及其实施的定位、性质决定的。

首先，跨学科主题是以解决问题为核心的，不是以求知为中心的。解决问题的主体是学生，其目的是让学生尝试在真实的情境中综合相关知识解决实际问题，所以学习内容和学习过程是围绕一个重要的（主要的）问题设计的，学生面对问题进行独立思考、深度思考、创新思考和综合思考。可以说，大问题、大思考是跨学科主题学习的支柱。大问题的特征是综合性、交叉性、跨界性，大思考的特征是深刻性、持续性、创意性，大问题、大思考是跨学科主题学习区别于传统知识教学的根本特性。跨学科主题学习最重要的使命就是培养学生面对大问题的复杂思维、整体思维和深度思维的能力，帮助学生形成具有大视野、大格局的学习观。

其次，跨学科主题学习是以完成任务（项目）为载体和抓手的，它不是纸上谈兵，而是要"真刀真枪"地做；它不仅仅需要动脑，更需要动手。可以说做中学、用中学是跨学科主题学习的主要方式。传统学科教学重学轻做轻用，把获得知识作为目的和归宿，即便有做有用也是为了知识的理解和掌握。跨学科主题学习强调做中学、用中学，倡导动手实践、亲身经历、以用为本、以用定学。用中学是一种基于用、通过用、为了用的育人模式，"基于用"强调用是学的起点和基础，表现为感性认识是理性认识的起点，直接经验是间接经验的基础。正如陶行知先生所言："接知如接枝"，"我们要有自己的经验做根，以这经验所发生的知识做枝，然后别人的知识方才可以接得上去，别人的知识方才成为我们知识的一个有机体部分"。①实践出真知，跨学科主题学习就是让学生通过实践活动而获得知识，这样的知识才是真正属于学生的知识。"通过用"强调用是学的重要方式和手段，正如毛泽东同志所说："读书是学习，使用也是学习，而且是更重要的学习。"这是跨学科主题学习中学生获得知识的主要方式。"为了用"强调用是学的目的和归宿，这实际上要求培养学生的实践能力和应用能力。学而无用的知识使人迂腐，使人软弱；学而有用的知识使人聪慧，使人有力。跨学科主题学习就是让学生在学以致用之中获得知识的力量感和成就感。

跨学科主题学习虽然有课时的保障，但是它不完全是在课堂之中进行的，其基础性甚至关键性的活动和过程主要是在课外进行的。这是因为跨学科主题学习往往是在调查、观察、访问、查阅、制作、实验、设计等活动之中进行的，总之，跨学科主题学习是需要"跨"课堂、"跨"教师的，诸多的跨学科主题学习不是在课堂里、在老师的眼皮底下进行的，这就特别需要学生的主动性、自觉性和独立性。从这个角度说，跨学科主题学习真正打通了学生的学习空间，把课内与课外、生活与学科、学习与研究、理论与实践有机地统一起来。进一步说，跨学科主题学习给予了学生更大的学习自主权和学习主动权，同时也大大激发了学生的创意和想象力。可以说，<u>跨学科主题学习最本质的价值和意义就在于它有力地促进了学生的创造性成长。让学生在创造中成长是跨学科主题学习的宗旨，也是跨学科主题学习与学科知识学习的根本区别</u>。可以说，没有一种学习方式像跨学科主题学习那样，既需要学生的创造性，又培养学生的创造性。我们知道，创造性能力是核心素养之"关键能力"的关键，实施跨学科主题学习本身不是目的，培养人的创造性能力才是其归宿。新课标倡导的跨学科主题学习是我们培养学生创造性能力的一个有力支点。

---

① 陶行知.优秀教师的自我修养[M].长沙：湖南人民出版社，2019：16.

跨学科主题学习的主体是学生，并不意味着教师在这个过程当中就可以无所事事、无足轻重，学生跨学科主题学习质量的高低与教师对跨学科主题的凝练和设计是直接相关的。在跨学科主题学习中，教师和学生各自应该承担什么职责是必须明确的。正如吴康宁先生所言："跨学科主题学习说的是'学习'，学习这一行动的主体是'学生'；但从老师们的展示来看，说的却是老师。这就不对了。因为，老师所进行的不是跨学科主题学习，而是跨学科主题整合。跨学科主题整合说的是教育，说的是教学，是教师的整合、教师的行动。而跨学科主题学习说的是学习，是学生的学习、学生的行动。我们是通过跨学科主题整合来促进学生的跨学科主题学习，使学生通过跨学科主题学习来实现他的创造性成长。简言之，我们是通过跨学科主题整合引导学生的跨学科主题学习，进而支持他们的创造性成长。"[1] 当然，学生作为学习的主体，在跨学科主题学习中不是被动地等待教师的主题设计和任务安排，而是可以以各种方式参与主题设计。所以，吴康宁强调指出："教师最厉害的地方，不仅仅在于他能进行跨学科主题整合，也不仅仅在于他的这种整合能够促进学生的跨学科主题学习，而且在于他能促进学生对于自己的跨学科主题学习也能有那么一点自主的'设计'的成分（当然会因年龄阶段而异）。那才是最厉害的。"[2]

三、主题学习：从单学科走向跨学科

新课标倡导从知识点教学走向主题（统整）学习。主题学习有两种类型：一是单学科的主题学习，它实际上就是单元整体教学（学习）；二是

---

[1] 引自吴康宁教授 2023 年 3 月 24 日在南京市力学小学"跨学科主题学习"研讨会上的发言。

[2] 同①。

跨学科主题学习，它是研究性学习的升级版。从单学科走向跨学科是新课标的重大突破，也是对主题学习的进一步发展。

学科的重要性是不言而喻的。任何一门学科都是人类数十年、上百年乃至上千年认识发展的结晶，都有其独特的价值和意义。更重要的是，学科本身就是最好的知识归类，它为人们的学习和认识提供了便捷的路径。当然，这是学问或学术意义上的学科，学校开设的各门学科则是教育和学习意义上的学科，后者是前者的精华、浓缩，是其最基础、最重要的部分。所以，学校通过一门门学科进行的教育，会有效地帮助学生打好学科基础，实现跟人类认识的对接，并参与到人类认识的进程中去。

通过学科进行教育是学校的优势，也是学校实现高质量、高效率育人的必要条件。但是，物极必反，过度的学科化使学生越来越陷入狭隘的学科知识训练，丧失理解现象和分析问题所需的复杂思维能力和整体视野。这严重偏离了学校的育人方向，特别是影响了核心素养的形成和发展。

从中小学教育教学现状来说，我们的老师习惯于固守学科本位，心安理得地在自己经营的"一亩三分地"上耕耘，不敢越雷池半步，生怕"种了别人的田，荒了自己的地"。一位知名的中学语文特级教师深有感触地说："许多教师将学科或某一知识系统视为神圣不可侵犯的东西，容不得一点改变和突破。殊不知，这样的固守，恰恰隔绝了学科或知识之间原本融通的联系，阻碍了学科的进步，更可怕的是禁锢了学生本来活泼的思想，关闭了跨界之门。其实学科之间是可以也应该跨界融通的。"[1]这位老师在引导学生学习议论文论证推理时，要求学生找找数学推理的感觉，结果发现学生"一脸懵"。原来学生在传统的分科学习过程中建立起了严格的学科壁垒。长时间的分科学习已经使学生的思维分割成彼此孤立的几个部分，各学科真的是"各人自扫门前雪，莫管他家瓦上霜"，彼此"老死不相往来"，

---

[1] 徐思源. "跨界"与教学［J］. 基础教育课程，2013（7-8）：114.

缺少沟通和整合。这种状况也是背离时代发展要求的。

克服学科壁垒，打通学科的界限，培育学生跨越固有学科藩篱的整体视野和思维能力，是事关核心素养培育的关键问题。核心素养本质上是跨学科的，核心素养的突出表现就是应对复杂的真实情境和问题的能力与品质。这种能力和品质不是一门门孤立的学科可以单独培养的，而是在多学科的贯通和协作之中滋养出来的。为此，必须把跨界的理念引入学科，解放学科；也必须重建学科之间的关系，让不同学科、不同知识相互渗透、相互融合，激发学生的思维火花和奇妙创意，培养学生的跨界思维意识和整体思维能力。

诚然，跨学科并不是否定学科，跨学科学习的基本要义是：其一，通过或借助其他学科（或学科之外的生活、社会、科技、文化等）来学习本学科；其二，用本学科的知识（思想、方法、观点）解决相关学科或生活中实际存在的问题；其三，综合利用或统整多学科的知识、思想、方法解决复杂的问题。可以说，本学科是跨学科学习的起点、支点和归宿，它是1，也被称为主学科或载体学科，其他相关学科是X，是"跨"的对象。基于本学科、跨越本学科是跨学科学习的特点，跨学科学习要以1为根基，这样才能有聚焦感和核心点，从而防止出现拼盘和杂乱现象。

综上所述，跨学科主题学习是一种以主题为学习对象和导向，以学生实践探究为学习路径和过程，以本学科为根基，联系和整合其他学科为学习范畴和取向的一种新型学习方式。

孟璨认为跨学科主题学习具有综合性、实践性、探究性、开放性、可操作性等特点。[①]

一是综合性。跨学科主题学习要体现学科间的有机整合，包括不同学习领域的知识整合、不同学习方法的综合运用、不同基本技能的相互配合。

---

① 孟璨. 跨学科主题学习的何为与可为 [J]. 基础教育课程，2022（11）：4-9.

同时，还要将知识掌握与运用有机结合、校内学习与校外活动有机融合、课堂学习与社会实践有机配合，从而培育和发展学生的核心素养。

二是实践性。跨学科主题学习要聚焦社会发展中的现实问题，提高学生知识运用的能力，引导学生将所学知识用于研究和解决实际问题，促进学生开展自主性、合作性、探究性学习，破解学科知识与问题解决相互割裂、知识学习无助于实践改进的困境。

三是探究性。跨学科主题学习是对学科课程的综合探究，学生是跨学科主题学习的主体。在跨学科主题学习中，学生以已有经验和知识为基础，对主题进行积极探索、亲身体验、实践探究，进而发现知识、获得知识、掌握方法、解决问题、发展技能。通过跨学科主题学习，学生的主体意识和主体能力进一步发展，思维品质和思考能力进一步提升，学习兴趣和实践意识进一步增强。

四是开放性。跨学科主题学习并不拘泥于某一学科知识的学习，而是强调将学生的学习置于开放的社会情境中，将单一学科知识与相关学科的学习进行联动，借助丰富多样的课程资源，为学生学习知识和提高实践能力搭建多维度平台，提供多样化的学习途径，鼓励学生探索多种解决问题的方案，使学生在社会实践、问题解决的过程中得到多方面的发展。

五是可操作性。跨学科主题学习的设计要便于教师教和学生学，问题不能过于抽象和宏大，要贴近学生的生活实际，真实、具体。要从学生身边的事物、场景入手，让学生真切感受到问题的存在以及解决问题的重要性。同时，教师要引导学生运用多学科、多领域的知识和方法解决问题，如此才能切实发挥跨学科主题学习的优势。

第二节　跨学科主题学习的类别

跨学科主题学习依据学科"跨"的程度（角度）和"跨"的目的（归宿）可以分为以下几种类别。

一、以一学科为本的跨学科主题学习（学科学习）

本学科与跨学科的关系是主与次、目的与手段的关系，而不是平行和对等的关系。具体而言，本学科是跨学科的基础、基点和出发点，也是跨学科的目的和归宿，跨学科只是媒介、手段和工具。这是一种基于学科立场的跨学科学习，学科是"皮"，跨学科是"毛"，"皮之不存毛将焉附"。

这是最常规的跨学科主题学习，实际上也是新课标倡导的跨学科主题学习。跨学科主题学习是通过各门学科来组织和实施的，占用的是各学科的课时，它本质上是学科学习的组成部分，只是要求不要局限于本学科来学本学科，而是要向外延伸，联系或通过其他学科和生活实际来学习本学科。当然，强调跨学科学习，是因为这样的学习可以更好地促进学生对本学科的理解和掌握，促进学生学得更深更活，否则就失去了"跨"的意义和价值，这也是我们检验是否跨学科的标准。学校组织开展跨学科学习，也是以各学科为起点和立足点的。

这种跨学科主题学习与单学科主题学习关系最为密切，彼此是相互融合的关系，两者是可以相互转化的。这种跨学科主题学习可以穿插在单学科主题学习之中进行，也可以将单学科主题学习进行重组升级使之成为跨学科主题学习。如语文新课标将跨学科主题学习定位为拓展性学习任务群，"旨在引导学生在语文实践活动中，联结课堂内外、学校内外，拓宽语文学习和运用领域；围绕学科学习、社会生活中有意义的话题，开展阅读、梳理、探究、交流等活动，在综合运用多学科知识发现问题、分析问题、解决问题的过程中，提高语言文字运用能力"[1]。总之，语文跨学科主题学习的出发点是语文，落脚点也是语文，其要旨就是引导学生在广阔的学习和生活情境中学语文、用语文，增强语文学习的综合性和开放性，而不能把学语文、用语文局限于语文教科书和语文课程里。也就是说，我们要以语文学科为基点，以跨学科为半径，不断拓展语文学科学习的范围和内容。又如历史新课标推荐了"在身边发现历史"跨学科主题学习，其中指出："在每个学生身边都有大量的历史遗存和信息，如博物馆的藏品、街道、建筑、家中的老照片或老物件，以及亲历者的回忆等。本主题活动设计的出发点，是通过引导学生从身边的生活出发，探寻其中反映的历史，拉近学生生活与历史之间的距离，提升学生对历史的认知，发展历史思维。"[2]地理新课标要求跨学科主题学习"学习目标的制订要以地理知识和方法为基础，以地理学习方式和过程为支撑，融入多学科的知识和方法，重在利于学生增长知识见识、提升综合认知和解决问题的能力，并达到学以致用、知行合一的要求"[3]。

---

[1] 中华人民共和国教育部. 义务教育语文课程标准（2022年版）[S]. 北京：北京师范大学出版社，2022：34.

[2] 中华人民共和国教育部. 义务教育历史课程标准（2022年版）[S]. 北京：北京师范大学出版社，2022：48.

[3] 中华人民共和国教育部. 义务教育地理课程标准（2022年版）[S]. 北京：北京师范大学出版社，2022：22.

二、以学科之间的交集为主题的跨学科主题学习（主题学习）

这是一种以不同学科都涉及的共同主题为学习对象的跨学科主题学习。在这种跨学科主题学习之中，各学科之间没有主与次和目的与手段之分，彼此之间相对独立，各自从自己学科立场出发学习主题，各学科的学习造就了主题学习的相对完整性和全面性。学生对这个主题的学习和认识不再局限于单一学科、单一视角，而是跨学科、多学科的，它的表现形式就是多学科聚焦同一主题协同学习，使其达成单一学科学习无法达到的效果。这种学习也是当前中小学比较普遍采用的一种跨学科学习方式。比如，有个学校组织各学科教研组系统梳理初中学段与"青藏高原"主题相关的学习内容，适当调整学习顺序，在七年级学生中开展"青藏高原"主题学习周活动，语文、历史、地理、音乐等多门学科同时开展与"青藏高原"主题相关的内容学习。例如，语文学科学习《在长江源头各拉丹冬》一课，让学生感受雪域高原的壮美，了解游记的写作特点；音乐学科欣赏藏族音乐《阿玛勒俄》，让学生了解藏族音乐的风格特点；历史学科开展"辽宋夏金元时期"单元学习，让学生认识西藏自古以来是中国不可分割的一部分；地理学科学习"青藏高原地区"单元，让学生理解青藏高原地区的高寒气候、雪域文化等。[1] 有人批评各学科在这种学习之中缺少互动和整合，因而质疑其价值，甚至否认这是一种跨学科主题学习。我们认为，首先，如果仅仅从学科本身的角度来看，这的确算不上一种跨学科学习；但是如果从主题的视角来看，它的学习涉及多个学科，是从多学科的视角和立场进

---

[1] 张玉华.跨学科主题学习的水平分析与深化策略[J].全球教育展望，2023(3)：48-61.

行的，因而当然是一种跨学科学习。其次，各学科立足于自身立场和视角独立进行同一主题学习，发挥学科独特的价值，完成本学科应完成的任务，把该主题学深学透，这是必要的前提和基础。如果能够在这个前提和基础上加强各学科的互动和整合，提出或产生有关该主题的综合性的跨学科的观点和认识，那就是跨学科主题学习的更高层次的体现了。也就是说，学科之间既要有物理反应又要有化学反应。这是我们要加强和改进的地方。就这个案例来说，学校在组织多学科协同学习"青藏高原"这个主题时，要加强不同学科之间的协同性、互补性，培育学生跨学科思维，形成跨学科理解，从而使学生对主题形成更全面、更完整、更深刻的认识。这也是课程协同育人的表现。各学科交集的主题有的是"社会性（自然性）"的，有的是"学科性（学术性）"的。学科性的主题如"生命"，它是很多学科都会涉及的概念和命题，可以以此主题进行跨学科主题学习。如生物学会从细胞和遗传的学科概念出发展开这个主题学习，语文会从对生命的欣赏、赞美、体验等角度学习这个主题，道德与法治会从尊重、安全、环保等视角学习这个主题。围绕这一主题，这些相关学科形成了内在关联，从而让学生对生命形成一个相对完整的认识，进而形成分析和解决与生命相关的综合性问题的思维和能力。

这一类的跨学科主题学习强调的是"主题"，是由主题牵引和决定的，其价值取决于主题的意义。也就是说，当我们决定是否以主题进行跨学科学习时，其判断的依据是这样的主题学习会给学生带来什么样的收获，以及会给相关学科的学习带来什么样的益处。

三、超越学科的跨学科主题学习

这种跨学科主题学习不再局限或受限于学科，而是超越了学科，它指向的不是学科知识的学习和理解，而是真实情境中问题的实际解决。这种跨学科主题学习类似之前的综合实践活动或研究性学习。如一所学校组织开展以"给学校食堂设计一份菜谱"为主题的跨学科主题学习，其任务情境为：最近学校发现午餐浪费现象严重，请你为学校食堂设计一份一周菜谱，并提供一份采购清单。驱动性问题为：如何解决学校食堂午餐浪费严重这一问题？表现性任务为：为学校食堂设计一份一周菜谱，提供一份采购清单。表现性任务目标为：整合运用读写及调查、统计、分析、设计等方法，有创意地设计菜单。通过表现性任务，引导学生解决食堂午餐浪费严重这一问题，同时学生需要将表现性任务分解为调查午餐浪费问题、调查学校菜谱、调查学生喜欢的菜品、了解菜品营养结构、调查菜品单价、统计学生人数、设计搭配菜单、罗列采购清单八个子学习任务。这八个连续性子学习任务，实为八个学习步骤，可以层层深入地推进问题解决与任务达成。在任务完成过程中，学生需要通过调查、记录、统计、整理获取数据，需要依托数据进行分析、计算、设计，通过阅读与表达、梳理与探究等语文实践活动，实现语文与数学、科学知识的整合运用。[1]这个主题学习虽然牵涉相关学科，但它不是为学科学习服务的；虽然学习过程中涉及语文、数学、科学，但它不是为学习语文、数学、科学而设立的，而是语文、数学、科学的相关知识和能力为学习这个主题提供了依据和方法。这个主题的学习和相关问题的解决才是学习的中心和目的。可以说，这类跨学科主题学习"完全突破了学科界限，把人生经历、科学前沿、社会问题、世界动态、人类命运等引入教学当中，开发这些具有超学科特征主题的育人价值，使学生对这些方面保持敏感，激发自觉，以超越学科的态度和方式去开展学习和探索，增强认识、理解和处理真实情境中复杂问题、综合问题的能力。超学科主题学习在一个不确定的学科界域系统中以项目或问

---

[1] 林其雨.小学语文跨学科学习的逻辑与设计［J］.教学与管理，2023（11）：29-32.

题的形式展开，注重对各学科知识的创造性综合。……这种主题学习强调学生合作及实践学习，对形成审辩式思维、协同与共享的价值观、社会性品格等有重要意义。"①

这种跨学科主题学习的特点是：主题来自真实而有价值的并具有挑战性的问题；相关学科知识是解决问题的手段，问题解决才是目的；以完整的问题探究和解决过程或任务完成过程贯穿学习始终；以培养学生解决实际问题的综合性能力、跨界思维以及有关的精神和品质为学习的目的。

对跨学科主题学习进行分类是为了更好地理解跨学科主题学习的特点并因地制宜地做好跨学科主题学习的设计和组织。实际上，以上三种分类不是绝对的，它们是可以相互转化的，彼此之间是促进的关系。

---

① 伍红林，田莉莉.跨学科主题学习：溯源、内涵与实施建议[J].全球教育展望，2023（3）：42-43.

后 记

2019年元月，教育部正式启动了义务教育阶段课程方案和课程标准的修订工作，这个工作是高中阶段课程方案和课程标准修订工作的延续。高中课标的修订始于2014年，修订后的课标颁布于2017年。我个人有幸全程参与了两个阶段的修订工作，并在这个过程中重点参与了其中的教学改革的研究工作。教学改革既是课程改革的重要组成部分，又是课程改革的重要支撑和保障。课程改革进入学校层面后，教学改革就成为重头戏。我曾在2017年出版了《核心素养导向的课堂教学》一书，重点讨论了高中阶段基于核心素养的课堂教学改革的理论与实践问题。《新时代中国课堂教学改革与创新》重点讨论的是义务教育阶段的教学改革问题。普通高中和义务教育阶段的教学改革既有共性，也有个性。当然，因为义务教育阶段课程方案和课程标准的修订在后，有基础、有经验、有借鉴，所以，在改革方向和改革主题特别是改革关键环节、重点领域的确立和定位上更加清晰和明确，从而使改革更有方向感和聚焦感。本书的七章实际上就是我这几年特别是新课标颁布以来应邀在全国各地做新课标及其教学改革报告的七个专题。现在应教育科学出版社方檀香编辑的邀请，对七个报告进行学理上的梳理和扩充，将其组织成一本有关新课标背景下教学改革的相对完整的研究著作。

由于时间匆忙，本书必定存在不少疏漏和不当之处，热忱欢迎批评指正。对书中所引用的观点、资料和案例的作者，在此表示衷心的感谢！

出 版 人　郑豪杰
责任编辑　方檀香
版式设计　郝晓红
责任校对　张晓雯
责任印制　米　扬

图书在版编目（CIP）数据

新时代中国课堂教学改革与创新 / 余文森著. —北京：教育科学出版社，2024.1（2024.6重印）
ISBN 978-7-5191-3641-3

Ⅰ.①新… Ⅱ.①余… Ⅲ.①课堂教学—教学研究—中国 Ⅳ.①G424.21

中国国家版本馆CIP数据核字（2023）第230685号

新时代中国课堂教学改革与创新
XIN SHIDAI ZHONGGUO KETAGN JIAOXUE GAIGE YU CHUANGXIN

出 版 发 行	教育科学出版社		
社　　　址	北京·朝阳区安慧北里安园甲9号	邮　　编	100101
总编室电话	010-64981290	编辑部电话	010-64981252
出版部电话	010-64989487	市场部电话	010-64989009
传　　真	010-64891796	网　　址	http://www.esph.com.cn
经　　销	各地新华书店		
制　　作	北京京久科创文化有限公司		
印　　刷	保定市中画美凯印刷有限公司		
开　　本	720毫米×1020毫米　1/16	版　　次	2024年1月第1版
印　　张	14	印　　次	2024年6月第4次印刷
字　　数	180千	定　　价	48.00元

图书出现印装质量问题，本社负责调换。